문화소통과
언 어

이 저서는 2018년 정부(교육부)의 재원으로 한국연구재단 대학
인문역량강화사업(CORE)의 지원을 받아 수행된 저서임

해 양 인 문 학 총 서

XVI

문화소통과 언어

한지원 · 박혜림 지음

한국학술정보

목 차

제 1 부

의사소통의 시작

제1장 유창한 바보가 되지 않는 법: 언어와 문화의 필요성

1. 문화 충격과 언어 충격

우리가 흔히 생각하기에 서로 다른 문화권 화자들끼리 말하는데 있어서 느끼는 어려움은 언어적 차이로 인한 것이라 여겨질 때가 많다. 그러나 문화간 의사소통의 어려움은 단순히 언어의 문제에서만 발생하는 것은 아니다. 많은 오해들은 언어의 차이뿐 아니라 어떻게 말해야 하는지, 무엇에 대해 말해야 하는지, 언제 말해야 하는지와 같은 선택과 적절성에 관련되어 있다. 따라서 이런 지식 또한 외국어 학습에서 있어 의사소통 능력이라 불리면서 새로운 학습의 목표로 받아들여지기도 한다.

우선 무엇에 대해 말할 것인가 생각해보자. 직업이나 가족, 관심사나 종교, 나이 등이 주제가 될 수도 있다. 그 다음으로는 언제 말할 것인가를 생각해보자. 가령, 식사 도중에 말해도 되는 것인가? 초대 이전에 물어볼 것인가? 또한, 누구에게 말할 것인가? 직접 전달할 것인가? 3자를 통해 연락할 것인가? 친구를 통해 알릴 것인가? 와 같은 점에 대해서도 생각해 볼 필요가 있다.

우리가 말을 하고자 할 때 우리는 여러 선택에 대해 생각하게 된다. 이제 우리는 언어에서 소통으로 넘어가보자.

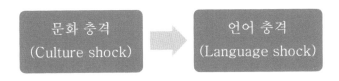

영어와 같은 외국어를 배워보면 번역이나 통역이 잘 안 되는 경험을 하게 된다. 영어를 잘 하지만 그 언어의 사회적, 철학적 내용을 이해하지 못할 때 그렇다. 그런 경우 외국어를 유창하게 잘 말할 수 있을지라도 상대방과의 좋은 관계를 형성하기는 어려울 수 있다. 이러한 서로 다른 문화간 의사소통에서 일어나는 어려움을 설명하는데 있어 다음과 같은 용어들이 사용되고 있다.

* **리치 포인트(Rich point)**
- 원천 언어와 목표 언어 문화 사이의 큰 차이 때문에 생기는 전체적인 몰이해.

- 같은 지역 사회의 그룹에서도 발생.

- 암묵적으로 어떤 문화에서 당연하게 여기지만 다른 문화에서는 어울리지 않는 다양한 요소.
- 일상생활과 언어를 모두 포함.

* **핫스팟 (Hot spot)**
  문화간 의사소통에서 일반적으로 있을 수 있는 민감한 지점
  (헤링거Herringer 2004)

마이클 애거(Michael Agar)는 다양한 사회적 집단에 합류해서 언어와 문화를 자세하게 관찰한 미국의 언어학자이자 인류학자이다. 그는 문화 충격(culture shock)이라는 개념에서 언어 충격(language shock)이라는 용어를 제안하면서 '리치 포인트(rich point)라는 개념을 발전시켰다. 애거는 이것을 이문화간 의사소통에서 걸림돌로 설명한다.

The learning of target languaculture is driven by "rich points". We realize that a culture is different from ours when we face some behaviours which we do not understand. Rich points are those surprises, those departures from an outsider's expectations that signal a difference between source languaculture and target languaculture. They are the moments of incomprehension, when you suddenly do not know what is happening. In this situation different reactions are possible. You can ignore the rich point and hope that the next part makes sense. You can perceiv소e it as evidence of the fact that the person who produced it has some lacks. Or you can wonder why you do not understand and if maybe some other languaculture comes into play. Therefore, rich points belong to daily life and not only to language.

Agar는 'rich'를 빈번함과 풍부함의 긍정적 표시로 사용된 용어라고 강조한다. rich point는 크게는 원천 언어문화와 목표 언어문화 사이의 큰 차이 때문에 생기는 전체적인 몰이해를 말한다. 이런 경우에 우리는 우리를 어리둥절하게 만드는 '문화충격'을 경험하게 된다. 작게는 같은 지역 사회의 그룹 내에서도 rich points가 발생할 수 있다. rich point의 존재는 어떤 표현이 암묵적으로 어떤 문화에서는 당연하게 여겨지지만 다른 문화에서는 어울리지 않는 다양한 요소를 뜻할 수도 있다는 사실에 기인한다.

Agar highlights that the term 'rich' has the positive connotations of thickness, wealth and abundance. The largest rich point is the total incomprehension due to huge differences between source languaculture and target languaculture. In this case we are facing a 'culture shock' that causes a deep bewilderment. The smallest rich point can occur among different groups of the same community. The existence of rich points comes from the fact that every statement implicitly refers to various elements that are taken for granted in a certain culture and do not match the elements of another culture (cultural implicitness).

출처: https://en.wikipedia.org/wiki/Languaculture

목표로 하는 언어문화(target languaculture)의 학습은 "rich points"에 의해서 이루어진다. 우리는 우리가 이해하지 못하는 행동을 직면했을 때 우리의 문화와 다르다는 것을 알게 된다. rich point는 원천 언어문화(source languaculture)와 목표 언어문화(target languaculture)의 차이 때문에 외부인의 기대에 벗어나서 생기는 놀라움이다. 놀라움이라는 것은 일어난 일을 이해하지 못하는 순간에 일어난다. 이러한 상황에서 다양한 반응들이 있을 수 있다. 이런 순간을 무시하고 이해할 수 있는 다음을 기대할 수도 있고, 이해할 수 없는 상황을 만든 상대방의 부족함 때문이라 여길 수도 있다. 또는 다른 언어문화가 개입된 것이라면 왜 이해가 안 되는지 궁금할 수도 있다. 따라서 rich points는 일상생활뿐 만 아니라 언어도 포함하고 있다.

리치 포인트처럼 의사소통에서 자주 문제가 생기는 지점들을 나타내는 여러 가지 다른 용어들이 있다. 독일계 학자 헤링거는 '핫 스팟(hotspots)'이라는 개념으로 리치 포인트를 일반화하였는데, 이는 문화간 의사소통에서 일반적으로 있을 수 있는 민감한 지점을 말한다. 민감한 사례는 차이를 느끼는 지점으로 헤링거(Herringer 2004)는 정의하고 있다.

최근의 사회적 기술적 변화들은 더 많은 사람들이 국경을 넘어 교류하는 시대를 가능하게 하였다. 교통의 발달은 여행과 더불어 타지역으로 방문하는 기회를 늘어나게 하였고 통신의 발달은 인터넷을 이용해서 다른 나라 사람들과 더 쉽게 교류하게 하였다. 이런 변화들이 문화간 소통에 대한 관심도를 한층 더 높였다.

Question 1

같은 언어를 사용하는데도 의사소통이 잘 이루어지지 않은 경우가 있었나요?

Question 2

영어로 잘 이야기 했다고 생각했는데 상대방이 내 말을 이해하지 못하여 당황한 경우가 있었나요?

---

2. 이문화간 의사소통: 민감한 사례들 (Critical Incident)

문화적 배경이 다르고 다른 언어를 사용하는 사람들과 만나면 자연스럽게 서로의 차이가 드러난다. 이러한 차이가 하나의 걸림돌처럼 이해와 의사소통에서의 문제가 되는데 이를 해소하기 위해서 상대방의 문화적 배경에 대한 인식을 높인다면 우리는 서로에 대한 더 깊은 이해에 도달 할 수도 있다. 특히, 이 장에서는 모든 문화권에서 존재하는 보편적인 요소들 중에서 드러나는 민감한 차이점들을 살펴보자. 민감한 사례는 문화간 의사소통 연구에 사용되어 왔는데 몇 가지 이를 가리키는 용어들을 살펴보면 리치 포인트 (미국 언어인류학자 애거), 핫 스팟, 결정적 사례들 (critical incidents)들을 들 수 있다. 이런 사례들은 문화간 의사소통의 차이점을 줄이고 그로 인해 발생할 수 있는 문제점에 대한 인식을 높이고자 수집되어 왔다. 이런 사례들은 주로 개인 경험이나 스토리텔링법으로 소개된다.

민감한 사례가 될 수 있는 기준이 몇 가지 있다.

1) 보편적 요소이다.
- 일상생활에 보편화 된 종류의 인사하기, 소개하기, 호칭하기와 같이 많은 문화권에서 보편적으로 인간 사회에서 많이 소통되는 소통 단위를 가리킨다. 매우 한정된 문화권에만 있는 행동들은 민감한 사례에서 제외된다.

2) 문화 특수적이다.
- 여러 문화권에서 다른 방식으로 사용된다.

국제결혼을 주제로 한 영화들을 생각해 보자. 예를 들어 영화 '나의 그리스식 웨딩'에서는 미국 남자가 그리스 여자와 결혼해서 그녀의 집을 방문하면서 다른 문화적 체험을 하게 되는 이야기를 다루고 있다. 이 교재에서 소개하고 있는 민감한 사례에는 아래와 같은 종류들이 있다. 많은 문화권에서 사회적 관계적 이유로 포함되어 있는 인사하기; 소개하기; 질문하기; 동의하기; 거절하기; 요청하기; 사과하기; 설득하기 등을 살펴본다.

민감한 사례들

1. 관계적 손상의 예
   - 중국에서 학생과 교수
   - 수업 방식의 차이

2. 약속 지키기

관계적 손상

중국의 어느 영어 강독 시간이다. 강독 수업의 선생님은 중국인이고 학생들은 이전에 영국인 선생님으로부터 수업을 받아 왔다. 중국 선생님은 학생들에게 토론은 피하고 계속 읽기를 시킨다. 그러자 한 학생이 선생님에게 "왜 우리가 이렇게 읽어야 하나요?"라고 묻자 선생님과 학생은 어색해 진다. 이 일은 체면의 중요성을 보여주는 예로 사용된다. 중국 선생님은 체면을 잃었고 영국 선생님은 그런 일이 일어난데 대해 비난을 받았다. 이것은 학생과 선생님 사이의 관계가 손상된 예라고 볼 수 있다.

약속 지키기 - 예의가 없어서가 아니에요

미얀마 학생의 이야기다. "저희 미얀마는 약속 시간 개념이 없어요. 옷 만드는 회사에서 통역사로 일했는데, 미얀마 사장님이 한국인 사장님을 만나기로 했는데 30분 늦었어요. 한국 사장님은 매우 화가 났는데 이것은 예의 없어서가 아니라 미얀마에서는 약속 시간 늦어도 돼요."

사적 정보에 대한 차이

수업 시간에 한 학생이 일본에서 익명이 인터넷에서 많은 걸 지적한 것과 유사하다. 영문과 교수는 일본 교수 학교 홈페이지를 봤는데 이메일 주소가 없더라는 것이다. 일본 사람들은 극히 친하지 않으면 전화번호 심지어 메일 주소도 주지 않는다고 한다.

재확인의 문화간 차이

H 박사는 두 달 동안 콜롬비아 대학의 객원강사로 있었을 때, 그의 동료교수가 저명한 기관의 초청 강연에 그를 초대하였다. H 박사는 흔쾌히 수락하며 장소와 시간 등의 정확

한 일정을 잡았다. 동료교수가 H교수를 모시러 갈 것이며, OHP용 파일 준비며, 복사물, 환등기 등 필요한 것들에 대한 자세한 준비도 논의되었다. 강연 일주일 전, 동료 교수와 H박사가 잠깐 지나쳐가며 만나게 되었고, 인사말도 오갔다. 그러나 강연에 대해서는 전혀 언급하지 않아 박사는 의아한 생각이 들었고, 독일 학술 교류처에 근무하는 독일인 동료에게 이 같은 사실을 말했다. 그 동료는 그 약속을 한지 벌써 2주가 지났다는 말을 듣고는 웃으며 말했다. "네, 그 약속은 아직 재확인이 안됐어요. 그 약속은 reconfirmacion이라고 하는 재확인을 통해 다시 한 번 구속력을 갖게 되어야만 해요" H박사는 자기가 제대로 듣지 못한 것이라 생각했다. 다시 구속력을 가져야 한다고? 모든 것을 적어두고, 세부적인 것까지 합의가 되었다 하더라도, 그것은 재확인 되어야만 비로소 유효하다고 독일 여자 동료가 말해주었다. H박사는 아연실색했다. 그렇다면 강연은 취소되겠군요.

2.1 인사하기

* **만났을 때 인사하기**
  - 보편적이지만 방법이나 전달 의미 다름
  - 인사말은 관용적

  터키 - "hayirli isler"(사업이 잘 되시길)
  　　　　 좋은 건강 유지하세요.

  미국 - A: "How do you do?"
  　　　　 B: "How do you do?"

  한국 - "밥 먹었어?" "식사는 하셨습니까?"

* **전화 받기**
  독일 - ja(네)
  프랑스 - oui, 이탈리아 - pronto (talk to me: 말씀하세요)
  한국 - 여보세요

* **다양한 인사 방법**

인사는 모든 문화권에 존재하는 것으로 언어, 손짓, 몸짓으로 표현되나 나라마다 소리가 다르고 다른 의미가 연관된다. 예를 들어 터키에서는 가게에 들어갈 때 "hayirli isler" (사업이 잘 되시길) 이라고 인사하고, 헤어 샵에서는 "좋은 건강 유지하세요"라고 인사한다. 또한 중국에서는 "chi guo-le ma?"(식사 하셨나요?)라는 질문으로 대화를 시작하는데, 이것은 대화의 용의를 물어보는 말로 해석되므로 '아니오'라고 대답하면 대화가 진행되지 않는다. 미국에서는 "How do you do?(안녕하세요?)라고 인사하면 어떻게 지낸다는 대답 대신 "How do you do?"로 메아리 반응을 하는 것이 인사이다.

전화상으로도 서로 다른 것은 마찬가지이다. 독일 사람들은 'ja(예)라고 대답하지만 프랑스나 이탈리아인들은 "Oui", "Pronto"(말씀하세요)라고 대답한다.

그렇다면 '손짓으로 하는 인사는 어떤가? 대표적으로 악수를 할 때도 얼마나 자주 하는지, 얼마나 힘주어 하는지, 얼마나 오래 하는지도 문화마다 다를 수 있다. 우리나라에서는 어떤가? '밥 먹었어?' 또는 '어디가?'라고 물어보는 것도 그 질문에 대한 답이 궁금하다기보다는 인사에 가깝다. 여러 문화에서 인사말은 관용적인 경우가 많다. 이런 이유로 질문의 형태일지라도 상대방의 대답을 기대하지 않는다.

서로 인사를 건네는 언어의 표현도 다르지만 몸짓으로 건네는 인사의 방법들도 다양하다. 고개를 숙여 인사하거나, 악수를 하거나 또는 코를 비비기도 한다. 인사는 이처럼 어느 곳에서도 존재하지만 문화마다 차이가 있다.

2.2 상대방 부르기

> *** 상대방을 부를 때**
>
> - 이름이나 호칭: Mr. or Mrs.
> - 직함: '김사장님', '부장님'
> - 관계: '엄마', '아빠'
> - 일반명사: '손님'
>   문화마다 다르게 나타난다
>
> ---
>
> *** 호칭 (대)명사**
>
> 독일 – du(너) /Sie(당신)
> 영어 – uncle(삼촌, 이모부, 고모부, 숙부 등)
>   aunt (이모, 고모, 숙모 등)
>
> *** 인명**
>
> 한국 – 아버지 성
> 이베리아 – 어머니 이름 + 아버지 이름의 합성어 = 성
> 스페인 – 아버지 이름 첫 번째
> 대만 – 기독교식 이름이 모든 이름 앞에 ex) Rudi Ho Chin

호칭어는 우리가 상대방을 부르는 방법이다. 우리는 낯선 사람을 부를 때 특별한 호칭어를 사용하지 않는다. 그것은 관계가 형성되어 있지 않기 때문이다. 그렇다면 여러 문화권에서 상대방을 부를 때 사용하는 호칭을 살펴보자. 보통 상대방의 이름을 부르거나, Mr.나 Mrs.와 같은 표현을 이용해서 성을 부르기도 한다. 또한 '김사장님', '사모님'과 같이 직함을 이용하여 부를 수도 있으며 '엄마', '아빠', '삼촌', '이모'처럼 상대방과의 관계로 부를 수도 있다. 가게와 같은 장소에서는 '손님'이라는 일반명사로도 상대방을 호칭할 수 있다.

반면에, 문화마다 사용될 수 있는 이러한 호칭도 다른 형태로 나

타날 수 있어 오해의 근원이 되기도 한다. 보통 다른 언어에서 상응하는 대응어를 찾기 힘들고, 같다고 할지라도 사용법이 다르다. 우리가 영어를 배울 때 우리말에 존재하는 많은 다양한 친족어를 대응하는 영어단어를 찾을 수 없을 때 놀라기도 한다. 또한 독일어에는 영어와 비슷한 존칭이 존재하기도 하지만 독일어에는 영어와 다른 존칭어도 존재한다. 'du'는 '너'를 의미하는 비격식체 표현이고 Sie는 같은 의미의 존칭으로 따로 구별하여 사용하는데 이는 영어권 화자들에게 문제가 될 수 있다.

인명(人名)의 경우도 살펴보자. 아버지의 성을 물려받는 우리와는 달리 이베리아에서는 성은 어머니의 이름과 아버지 이름의 합성어로 만들어진다. 스페인에서는 아버지의 이름이 첫 번째, 브라질에서는 두 번째 자리에 나오며 대만에서는 기독교식 이름이 다른 이름 앞에 온다. 이처럼 호칭에 대한 사용은 다른 문화권에서 다르게 형성된다.

2.3 소개하기

자신이나 다른 사람들을 소개할 때는 일본처럼 명함을 건네며 형식을 갖추기도 한다. 명함은 신원, 지위, 기업의 위상을 상징하며 양손으로 건네야 한다. 혹여 왼손으로 건네는 것은 불순한 것으로 간주된다. 아랍에서 소개는 '아내', '친구'와 같이 서로의 관계를 밝히는 것이고 한국에서는 연장자가 서로 각자 자신을 소개하도록 제안한다.

* 소개하기

 일본 – 명함 교환하기
 '명함이 없이는 당신은 일본인에게 존재하지 않는 사람입니다'
 아랍 – 관계 규명
 한국 – "처음 뵙겠습니다"
 연장자가 각자 소개하도록 제안

* 사적인 질문하기

 중국, 영국 – 가족
 아랍 – 부인에 대한 질문은 금기

Q: 각 문화마다 금기시되는 질문은?

2.4 사적인 질문하기

문화마다 해도 좋은 질문과 해서는 안 되는 질문들이 있다. 예를 들어, 중국이나 영국에서는 가족에 대해 묻는 것은 일반적이다. 그러나 아랍인의 집에 초대되었을 때 부인에 대한 질문은 금기시된다. 또한 사적인 질문 즉, 결혼여부, 연령, 수입 등의 사적인 질문 또한 인도네시아 외 많은 나라에서 해서는 안 될 질문이다.

2.5 초대하기

* 초대하기

 '언제 한 번 놀러와'

 Q1. 초대인가?
 Q2. 식사를 포함하는 초대인가?

```
Q3. 방문 시간은 언제가 좋은가?
Q4. 선물은 가지고 가야 하는가?

미국 – 감사 카드 보내기
아이티 – 선물 준비 (두 번째 방문)
```

'언제 우리 집에 한 번 놀러 와'라는 말은 초대인가? 아닌가? 이것이 진정한 초대인지 아닌지를 구별하지 않으면 문제가 생기게 되는데, 각 문화마다 초대 방식과 절차가 다르기 때문이다. 어떤 문화권에서는 빈말로 초대하기를 진심으로 받아들여 혼돈을 부르기도 한다. 여기에는 초대가 식사를 포함하는지 여부, 방문 시간, 선물 준비 여부 등 매우 까다로운 문제들이 포함된다. 미국에서는 사적인 초대 이후 안주인에게 감사카드를 보내는 것이 일반적이고, 아이티에서는 두 번째 초대에 응할 때는 비싼 것은 아니라도 선물을 준비하는 것이 일반적이다.

2.6 외국어 사용하기

```
* 외국어 사용하기

  - 제 3의 언어 사용하기
    링구아 프랑카 (lingua franca)
     : 언어의 가교 기능하는 언어를 통칭 ex) 영어
  - 대화가 이루어지는 장소의 언어 사용

* 반대하기와 거절하기

  한국 – 처음에는 거절
  일본 – 거절은 무례한 일 (미소, 고개 끄덕임 등으로 응답)
```

서로 다른 언어를 사용하는 경우 어떤 언어를 사용하게 되는가? 주로 대화가 이루어지고 있는 나라의 언어를 쓰는 경우가 대부분이다. 이럴 때 외국어를 사용하게 되는 사람은 표현에 제약이 따르게 된다. 그래서 아시아에서는 누구의 모국어도 아닌 제 3의 언어인 영어로 의사소통을 한다. 좀 더 자세히 설명하면 서로 다른 두 나라의 사람이 소통하려고 할 때, 우선은 어떤 언어를 사용하는 지역에 있느냐에 따라 사용하는 언어는 달라진다. 예를 들어 한국에서 공부하는 외국인 학생의 경우 자신들의 모국어는 아니지만 한국에 있다는 이유로 한국어로 말한다. 다른 하나는 두 화자의 언어가 아닌 제3의 언어를 사용한다. 영어가 대표적인 제3언어이고 공통어 (링구아 프랑카)로 불리운다. 한국에서 국제 학술회의가 열리면 중국인 일본인 러시아인 한국인들이 하는 발표에서 영어를 사용할 수 있다. 이것은 누구의 모국어도 아닌 공용어를 사용하는 경우이다.

2.7 반대하기와 거절하기

한국 문화에서 두 번 이상 권하는 경우가 많다. 예의상 처음엔 거절하고 두 번째 권유에 받아들인다. 이건 눈치가 지배적인 사회 (고맥락 사회)에서 흔하다.

상대방 의견에 반대하는 방법은 어떤가? 일본과 같이 간접적인 문화권에서는 반대의견을 드러내는 것은 무례한 일이라 미소나 고개를 끄덕인다. 그래서 긍정의 표현까지 '부정'의 의미를 나타낼 수도 있다. 또한 영국에서 'Hm, that's an interesting idea'의 표현은 거절의 뜻일 수 있다. 그러나 독일에서는 분명히 '예와 아니오'를 표현한다. 그렇다면 찬성과 반대의 제스처들은 문화권마다 동일한가? 불가리아에서 머리를 좌우로 흔드는 것과, 통가에서 머리를 뒤쪽으로 당기듯 움직이는 것이 각각 '예'를 의미하지만 필리핀에서는 '아니오'의 의미로 사용된다.

한국에서 외국인에게 음식을 권유할 때 상대방이 거절해도 계속 먹으라고 권유하는 경향이 있다. 처음에는 거절하더라도 상대방의 성의를 봐서 먹는 경우가 많다. 하지만 보통 외국인의 경우 일단 안 먹겠다는 의사를 보이면 다시 권유하는 일은 잘 없는데 한국에서는 계속 권유를 하니까 외국인들은 한국인들이 자신의 의견을 존중하지 않고 무례하다고 생각한다. 한국에서는 상대가 거절해도 몇 번 정도 더 의사를 물어보는 것이 상대방을 더 배려하는 행동이라고 여기는 경우가 많다.

2.8 대화하기

* **대화하기**

  - 대화 중 휴식의 의미
  - 불변화사의 사용
    "You know what I'm saying?"
    "맞나?"

* **경청하기**

  : 상대방의 이야기를 들을 때의 태도
  - 일본 : 눈 감기
  - 스페인 : 빠른 반응, 끼어들기

대화에서 잠깐의 휴식은 화자 교체 지점인가? 섣불리 말을 시작했다가는 상대방의 말을 중단시키는 것으로 여겨질 수도 있다. 또한 '음', '예', '아' 등과 같은 불변화사에 대한 나라별 인식 정도의 차이로 인해 오해가 생기기 쉽다. 아랍에서는 대화 중 다른 사람과의 대화로 인해 시간을 지체하더라도 이것은 무례한 일이 아닐 수 있다.

'You know what I'm saying?'과 같은 말은 대화를 이어가기 위한 하나의 장치일 뿐 상대방에게 실제 질문하는 것이 아니다. 한국어로 번역하면 '알겠지' 이런 정도의 말이다. 하지만 일본인과 미국인과 같은 서로 다른 문화권에서는 이런 불변화사의 용도를 잘 모르는 상황에서는 혼돈을 가져올 수 있다.

2.9 경청하기

대화에서 상대방의 관심과 참여를 위한 표현과 행동은 종종 다른 신호로 읽히기도 한다. 관심은 시선을 통해 전달할 수 있는데 일본인들은 대화에 집중할 때 시선을 마주하는 것이 아니라 눈을 감는다. 빠른 반응과 끼어들기는 스페인에서는 집중의 표시지만 다른 문화권에서는 환영 받지 못할 수도 있다.

---

aizuchi (맞장구)

한국에서는 상대방이 얘기를 할 때 일본어의 맞장구만큼 과도하게 표현하지 않는다. 상대의 말을 경청하고 있다는 표시로 고개 끄덕임과 같은 제스처를 많이 보여주지 않는다. 대화 중에 청자는 침묵을 유지하는 것이 일본과 다른 점이다.

2.10 침묵하기

---

* 침묵하기: 침묵의 의미

　부정적인 반응 – 미국, 독일, 프랑스 등
　대답으로 간주 – 동아시아, 일본 등

　　‘아는 사람은 침묵하고, 모르는 사람은 말을 한다.’ (중국)

* 설득하기

　이탈리아, 남아메리카 – 장황한 설명
　독일 - 논증
　프랑스 – 상상력에 호소, 엄격한 논리적 법칙
　일본 – 자신의 생각을 강요하는 것은 무례한 일

　침묵과 같은 긴 정적은 여러 가지로 해석될 수 있다. 미국, 독일, 프랑스, 남유럽, 아랍 지도자들은 부정적인 반응으로, 동아시아, 일본, 핀란드는 대답으로 간주한다. 또한 중국에서는 ‘아는 사람은 침묵하고, 모르는 사람은 말을 한다.’의 속담에서 보듯이 침묵은 경청과 배움을 의미하기도 한다.

2.11 설득하기

　어떻게 상대방에게 확신을 주고 설득하는가? 이탈리아와 남아메리카에서는 장황한 설명이, 독일에서는 논증이, 프랑스에서는 상상력에 호소하거나 엄격한 논리적 법칙이 확신을 줄 수 있다. 그러나 일본에서는 자신의 생각을 강요하는 것은 무례한 일이라 논쟁과 이견을 피하려고 하는 경향이 있다.

2.12 사과하기

* **사과하기**

　Excuse me : 행동 규칙의 위반이나 위험을 미리 알림
　I'm sorry : 이미 일어난 위반을 바로 잡는데 사용

- 미국 : 잘못을 시인하는 행위
- 일본 : 예의

→사과의 행위가 문화적으로 다른 해석을 가지고 올 수 있다

미국 영어에서 'Excuse me'와 'I'm sorry'의 차이는 무엇인가? 전자는 행동규칙 위반의 위험을 미리 알릴 때 사용하는 반면, 후자는 이미 일어난 위반을 바로 잡는데 쓰인다.

미국의 일본 관광객을 대상으로 하는 보험회사 팜플렛에는 교통사고나 민원이 발생한 경우 '사과하지 마세요.'라는 매뉴얼이 들어있다. 이것은 사과 행위가 문화적으로 다른 해석과 결과를 가져올 수 있기 때문이다. 일본 사회에서 사과가 예의로 통하는 반면 다른 문화권에서는 사과는 잘못을 시인하는 중요한 법적 책임을 가져오기 때문이다.

1. 리치 포인트(rich point)란 무엇인가?

2. 민감한 사례들의 예를 들어보시오.

3. 여러 문화권에서 상대방을 부르는데 사용될 수 있는 호칭하는 방법 5가지를 찾아보시오.

4. 많은 문화권에서 금기시되는 질문은 어떤 것이 있는가?

5. 여러 문화권에서 사용되는 거절하는 방법 세 가지를 찾아보시오.

6. 각 문화권에서 경청으로 받아들여지는 제스처는 어떤 것이 있는가?

7. 영어의 'excuse me'와 'I'm sorry'의 차이는 무엇인가?

토론주제

우리는 스페인 어느 작은 마을에 어부들의 술집에 있었다. 모두 넷이서 식사를 했는데 주인이 우리에게 4개의 플라스틱 접시를 나눠주고, 정어리가 담긴 큰 접시 하나를 내왔다. 그래서 우리는 각자 손으로 정어리들을 집어서 먹었다. 접시가 비자 주인은 다음 접시를 가져왔다. 우리는 한 접시가 더 나오는 것을 보고 기뻐하며 또 남김없이 다 먹었다. 그러자 계속해서 다음 세 번째 접시가 나왔다. 이렇게 네 번째 접시까지 나오자 우리는 이제 그것을 어떻게 처리할 수 있을지 난감해졌다. 우리가 완전히 배가 불렀다는 사실을 어떻게 분명히 해줄 수 있는지 정말 알 수 없었다.

▶ 질문 다음의 민감한 사례의 어떤 부분에 해당하는 예시인가?

토론주제

사우디 친구가 언젠가 미국인 은행가를 자기 집으로 저녁 초대를 하여 자기 아내를 소개하였다. 다음날 은행가는 공손하게 말했다. "부인이 미인이시더군요." 라고 말하자 정색을 하였다.

▶ 질문 다음은 민감한 사례의 어떤 부분에 해당하는 예시인가?

▶ 질문 미국인의 말에 사우디 친구가 정색한 이유는 무엇이라 생각하는가?

담화 표지어 'as you know', 'I remind you of', 'of course'와 같은 말은 청자에게 어떤 것을 상기시키는 역할과 함께 대화 참여에 영향을 준다. 이런 표현들은 청자로 하여금 혼란스럽게 할 때가 있다. 텍사스에서 일본어를 가르칠 때 라틴계 미국인 여자는 대화 끝에 늘 "Do you know what I'm saying?" 을 덧붙였다.

▶ 위의 예시는 담화 표지어에 관한 예시이다.
이런 표현들이 청자로 하여금 혼란스럽게 하는 이유가 무엇이라고 생각하는가?

토론주제

· 참 꼼꼼하시네요. (You are so meticulous.)
· 얼굴이 작으시네요. (You have a small face.)

▶ 다음의 문장은 칭찬이라고 생각하는가?
그렇다면 그렇게 생각하는 이유는 무엇인가?

네이티브가 생각하는 한국인들의 영어는?

경향신문 (2011.08. 05) 김예은

Q. 지금 많은 한국학생들을 가르치고 있는데 어려움은 없는가?

A : 한국 학생들은 이미 영어공부에 대한 강한 의지가 있기 때문에 비교적 가르치기 쉬운 편이다. 그러나 단 한 가지 문제점은 그들이 이미 문법위주의 주입식 영어교육에 길들여졌다는 것이다. 호주에서 공부하고 있는 한국 학생들을 볼 때, 종종 그들이 말하기 과제를 받고 토론 을 하고 의견을 제시하는 회화위주의 수업에는 적극적으로 참여하지 않는 모습을 발견할 수 있었다. 그러나 유럽이나 남미에서 온 학생들은 이와 다르다. 문법에는 다소 약한 모습을 보이지만, 그들은 회화위주의 수업에 훨씬 적응을 잘하기 때문에 실력이 더 빠르게 향상된다.

Q. 어학연수를 온 한국학생들이 가지고 있는 문제점은 무엇인가?

A : 모두가 그렇다고 말하고 싶지 않지만, 제일 염려되는 것은 그들이 강한 한국문화에 노출되어 있다는 것이다. 때때로 학생들은 새로운 환경에서 경험하는 값진 기회들을 낭비하며, 식당, 노래방, PC방, 여행사 등을 포함하는 한인사회 속에서 벗어나지 못한다. 그들은 한국에서도 주로 하던 습관을 여기에 와서까지도 버리지 못한다. 예를 들어, 금요 일 밤에 한국인 학생들끼리 모여 삼겹살 파티를 하고 맥주를 마시며 한국 프로그램을 시청하는 일이다. 내 경험상, 한두 달 정도 홈스테이 를 하며 영어공부를 하는 학생들이 speaking 방면에서 더 나은 모습 을 보이는 것 같다. 왜냐하면 그들은 외국인 가족과 더 많이 대화할 기회를 가졌고, 또한 한국인들과 함께 사는 편한 길을 택하지 않았기 때문이다.

한국과 호주에서 영어를 가르치고 있는 Craig Grigg(34. 호주 골드코스트)와 인터뷰 중에서 발췌

- **영국에서 브이 사인**

  친구들과 영국의 유명 관광지인 런던아이에서 단체사진을 남기기로 했다. 지나가던 영국인에게 사진을 찍어줄 것을 부탁하였고 친구들과 나는 브이 사인을 하였다. 그런데 갑자기 사진을 찍어주려던 영국인의 표정이 굳어지며 사진을 찍어주지 않겠다고 하면서 가버리는 것이 아닌가? 우리는 당혹감을 감출 수 없었는데 알고 보니 영국에서 브이 사인은 모욕의 의미를 지니고 있단다.

  과거 프랑스와 영국 사이의 백년전쟁 당시 프랑스는 영국군 활을 쏘지 못하도록 포로의 검지와 중지를 잘랐다. 그래서 손등이 보이는 브이 사인은 상대방을 위협하는 모욕적인 의미를 담게 되었다.

- **식사하기**

  작년 여름방학 K-BUDDY라는 교내 활동으로 2주간 일본인 연수생들과 함께 생활하였다. 연수가 끝나고 일본 연수생들이 돌아가는 날 공항에서 함께 식사를 하고 헤어졌는데 이후 그 중 한 명을 통해서 그날의 분위기에 대한 이야기를 전해 듣고 놀라지 않을 수 없었다.

  함께 식사한 친구들 중 친한 친구는 단 한명이지만 나머지 친구들도 함께 프로그램에 참가하여 활동하였고 얼굴을 아는 친구들이었는데 내가 함께 식사를 한 것이 불쾌하게 여겨질 줄이야.

- **인사하기**

  아프리카로 처음 의료봉사를 떠났을 때 일이다. 첫 환자는 신발을 신고 다니지 않고 생활하다 발에 생선가시가 박힌 7살 아기였다. 첫 환자라 성심성의껏 치료를 해줬더니 얼굴에 침을 퉤 뱉고 휙 가버리는 것이 아닌가? 너무 화가 나서 선배에게 이야기를 했더니 아프리카 마사이 부족은 만나거나 헤어질 때 존중과 친밀함의 의미로 얼굴에 침을 뱉는다. 아프리카에서는 물이 귀하기 때문에 서로의 얼굴에 침을 뱉으면서 소중한 물을 나눠준다는 의미가 담겨있다고 한다.

제2장 언어의 상대주의

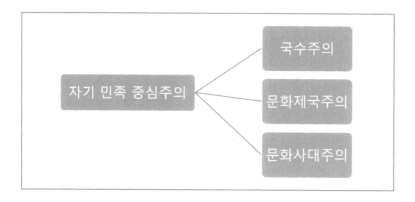

1. 문화 상대주의란 무엇인가?

1.1 자기민족 중심주의

식민주의로 인해 세계적으로 일어난 문화적 접촉은 주로 경제적인 것이 목적이거나 선교를 목적으로 이루어졌다. 자기민족 중심주의는 타 문화간에 드러난 문화 차이를 자신이 속한 집단의 문화와 가치관의 틀로 평가하여 다른 것은 배척하며 무시하고, 동일한 집단은 수용함으로써 자국의 문화를 높이 평가한다. 즉, 자기민족 중심주의는 자기 문화는 우월하고 다른 문화는 부정적으로 평가하는 태도를 가리킨다.

중화사상이 그 대표적인 예로, 중국 사람은 자기 민족을 세계 문명의 중심이라고 생각하여 중국인의 우월성을 자랑하여왔다. 또한 우리나라의 개고기를 먹는 문화를 비판한 프랑스 한 여배우는 한국에서 개고기를 먹는 문화적인 배경을 이해하기보다는 자기 민족의 문화와 가치관으로 한국인을 야만인이라 평가하였다.

자기민족 중심주의는 다시 국수주의, 문화제국주의, 문화사대주의로 분류할 수 있다. 국수주의는 자기 문화가 가장 뛰어나므로 다른 문화는 철저히 배척하는 극단적인 태도를 나타내는 것으로 나치즘을 그 예로 들 수 있다. 문화제국주의가 자신의 문화를 다른 문화에까지 강요하는 것이라면 문화사대주의는 자신의 문화는 낮게 평가하고 업신여기면서 다른 사회의 문화가 자신이 속한 문화보다 우월하다고 믿고 무비판적으로 동경하는 것이다. 우리나라에서 사대주의의 영향으로 한글보다 한자어를, 현대에는 한글보다 영어를 높이 평가하는 것이 이에 해당한다.

1.2 문화적 상대주의

---

* 에드워드 에번스 프리처드(Edward Evans Pritchard)

- 아잔데족 연구
  중앙 아프리카 거주
  농경, 수렵
  법체계 : 주술

* 피터 윈치(Peter Winch)

"실재란 무엇인가?"

일반적으로 문화적 상대주의는 자기 민족 중심주의를 보여준다. 빈치(Winch)가 아프리카 아잔데 족과 그 문화에 대해 연구한 바에

따르면 이 부족의 문화는 마법과 마술에 토대를 두고 있다. 우리는 그것들을 '미신' 또는 '비합리적'이라고 우리의 언어로 평가하여 표현한다. 그러나 아잔데 족의 문화적 현실은 우리의 언어나 문화를 통해 규정할 수 없고 따라서 이것은 객관적이지 않다. 문화적 상대주의는 현실과 언어를 연결하여 문화를 이해하는데 있어 언어의 역할을 부각시키고 있다는 점에서 공헌도가 있다.

> 실재가 언어에 의미를 부여하는 것은 아니다. 언어가 가지고 있는 의미 안에서 실재하는 것과 실재하지 않는 것이 자신을 드러내는 것이다.
>
> (Winch 1972: 12)

인도 바라나시의 갠지스 강

인도의 갠지스 강은 인도를 방문한 관광객들에게 최고의 관광지이자 최악의 관광지이다. 이 강에는 사람과 소의 배설물, 화장된 시신이 떠다닐 뿐만 아니라 다른 한쪽에서는 빨래나 목욕을 하는 이들도 볼 수 있다. 있는 그대로의 모습을 본 사람들에게는 이곳이 최악의 관광지가 될 것이고 반면에 지금의 모습을 가지게 된 이유와 역사적 배경에 대해 이해하고 있는 사람들에게는 인도인의 참 모습을 이해하게 만드는 장소가 될 것이다.

---

2. 언어 상대주의란 무엇인가?

2.1 언어에 대한 두 가지 관점

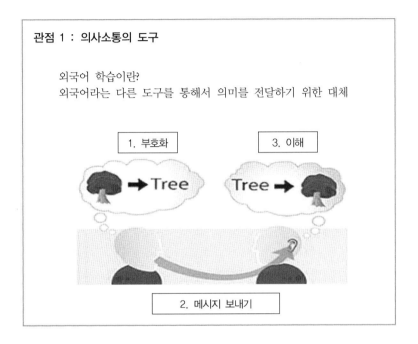

관점 1 : 의사소통의 도구

외국어 학습이란?
외국어라는 다른 도구를 통해서 의미를 전달하기 위한 대체

1. 부호화

3. 이해

2. 메시지 보내기

언어 상대성 이론은 언어의 역할이 중요해진 경우이다. 흔히 우리는 자신의 생각을 언어로 나타낸다고 생각한다. 즉 언어를 자신의 생각을 표현하는 도구로 본다. 이 이론 안에서는 우리의 사고가 세상을 인식하는데 영향을 끼친다고 보고 있다. 외국어 학습에서 한가지 관점은 언어를 의사소통의 도구로 본다는 것이다. 그래서 외국어라는 다른 도구를 통해서 의미를 전달하기 위한 대체로 본다.

사물과 현상의 개념 형성과 범주화를 이끈다는 관점

Q: 비슷한 것 끼리 묶어 보세요. (범주화하기 Categorization)

박		외
호박	수박	참외
pumpkin	Water melon	Real melon
pumpkin	melon	

언어를 보는 또 다른 관점은 언어를 인지와 사고의 표출체계로 (a system of representation) 보고 사물과 현상의 개념 형성과 범주화를 이끈다는 관점이다. 이는 언어마다 사물의 범주화가 다르게 이루어진다는 것으로 한국어에서는 딱딱한 겉모습을 가진 큰 둥근 모양으로 호박과 수박을 같은 범주로 묶은 반면 영어는 달고 과즙이 많은 속 내용물로 수박과 참외를 같은 범주에 넣고 있다.

A. It rains everyday.
B. 비가 매일 온다.

C. Keep studying.
D. 계속해서 공부하세요(Study continuously)

E. He dropped it.
F. 떨어졌어. (It fell from him.)

2.2 언어 상대성 이론

언어 상대성 이론 (Sapir-Whorf Hypothesis)
- 언어가 우리의 사고를 결정한다.
- 언의 차이는 사고방식의 차이
- 민족의 세계관, 문화는 언어에 나타난다.
- 외국어 학습 → 새로운 세계관 획득

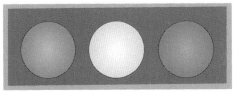

언어가 우리의 사고를 결정한다는 입장으로 언어상대성 가설 (Sapir-Whorf Hypothesis)이라고 부른다. 이전의 입장은 언어가 문화의 영향을 받는다고 하여 언어에 대한 소극적인 입장을 취했던 반면, 사피어-워프(Sapir-Whorf)의 가설은 주로 서구 언어와 확연히 다른 미국 인디언 언어들을 연구하면서 세운 가설로 언어의 차이는 사

고방식의 차이까지 이어진다는 주장이다. 즉, 언어 상대성 이론은 체계에 따라 현상이 구별되고 명명된다고 보고 이것이 화자들의 인식과 사고방식에 영향을 끼친다는 가설이다.

또한 언어 상대성 이론은 우리에게 문화적 차이, 즉 민족의 세계관 차이가 언어에도 나타난다는 걸 보여준다. 세계관이란 각 민족이 객관 세계를 바라보는 관점, 우리에게 주어진 객관적인 대상에 대한 민족의 견해를 말한다. 각 민족의 모국어는 일정한 세계관을 지니고 있기 때문에 우리가 새로운 언어를 제대로 배운다는 것은 그 언어가 지니고 있는 세계관을 획득하는 것과 동일시 될 수 있다.

워프에 따르면 언어 체계에 없는 의미들은 인식에도 영향을 미치는 것으로 본다. 마이크로네시아 섬에 있는 언어에는 파랑과 초록을 구별하지 않고 단어 하나가 두 가지 색을 공동으로 가리킨다. 이런 언어적 차이는 이들이 두 개의 색깔을 구별하지 않는 것에서 그 이유를 찾을 수 있다.

> We dissect nature along lines laid down by our native languages. The categories and types that we isolate from the world of phenomena we do not find there because they stare every observer in the face; on the contrary, the world is presented in a kaleidoscopic flux of impressions which has to be organized in our minds - and this means largely by the linguistic systems in our minds. We cut nature up, organize it into concepts, and ascribe significances as we do, largely because we are parties to an agreement to organize it in this way - an agreement that holds throughout our speech community and is codified in the patterns of our language. The agreement is of course an implicit

and unstated one, BUT ITS TERMS ARE ABSOLUTELY OBLIGATORY; we cannot talk at all except by subscribing to the organization and classification of data which the agreement decrees. (Wharf)

우리는 모국어에 의해 나누어지는 식으로 세상을 분할한다. 우리가 현상 세계에서 끌어낸 범주와 형태들은 너무나 명백하지만 다른 언어에서는 찾을 수가 없다. 역설적으로 우리가 인지하는 세상은 마치 머릿속에 구성되어온 만화경 인상으로 표현된다. 이것은 크게 우리 머릿속에 들어 있는 언어 체계를 의미한다.(워프)

인간은 객관적 세계에서만 사는 것도 아니고 보통 이해하는 것처럼 사회활동의 세계 속에서만 사는 것이 아니라 사회의 표현 수단이 되는 특정한 언어에서도 상당히 영향을 받는다. 사람이 언어를 사용하지 않고 본질적으로 현실에 적응할 수 있고 언어는 의사전달이나 사고의 반영의 특정한 문제를 해결해 주는 우연한 수단이라고 생각하는 것은 환상이다. 사실인즉 현실 세계는 상당한 정도로 그 집단의 언어습관의 기반 위에 형성이 된다. ... 우리 공동체의 언어습관이 해석에 대한 어떤 선택에 대한 영향을 주기 때문에 우리는 현재처럼 주로 보고 듣고 아니면 경험을 한다.(Sapir 1929:207)

에스키모의 눈(SNOW)의 종류

akitla	물 위에 떨어지는 눈	sotla	햇빛과 함께 반짝이는 눈
briktla	잘 뭉쳐진 눈	tlapa	가루눈
carpitla	얼음으로 유리처럼 변한 눈	tlapat	조용히 내리는 눈
kriplyana	이른 아침 푸른 빛으로 보이는 눈	tlapinti	빨리 떨어지는 눈
kripya	녹았다가 다시 언 눈	tlaslo	천천히 떨어지는 눈
rotlana	급속히 늘어나는 눈	tlaying	진흙과 섞인 눈
shlim	눈 찌꺼기	trinkyi	그 해의 첫 눈

사피어 워프 가설에 의하면 자신의 모국어에 어떤 사물이나 현상을 가리키는 말이 없다면 그 구별에 대해 생각하기도 어렵다는 예측을 할 수 있다.

언어적 상대주의는 언어의 차이는 사고방식의 차이로 이어진다고 설명한다. 한국에서 영어 학습을 소개하는 광고나 책에서 '영어로 생각하기'와 관련된 문구들을 볼 수 있다. 이것은 생각하기가 말하기에 영향을 끼치는 관점으로 설명할 수 있다.

"원어민처럼 생각하기" "원어민이 쓰는 영어는 따로 있다"

Q : 전화번호가 바뀌었어요.
　　tip : 사람을 주어로 동작을 말하라!!
　　I've changed my phone number.

우리가 무엇을 말하는지는 우리가 무엇을 생각하고 믿는지 보여준다. 이런 말과 생각의 관계는 언어 상대성 이론 안에서 생각해 볼 수 있다. 말은 그냥 말일뿐 이라고 생각할 수도 있는데 말에 대해 규제를 하는 이유는 거꾸로 우리가 말하는 대로 믿고 생각할 수 있다는 그런 관점이 있기 때문이다. 이런 생각들은 언어 정책에서도 볼 수 있다.

언어 미화 정책

중국의 마오쩌둥의 언어 순화 정책은 정치적으로 언어 상대성 이론을 이용한 경우이다. 정치적 목적을 이루는데 언어의 역할을 일찍 인식한 마오쩌뚱은 문화 혁명 교재를 발간하여 자신의 이데올로기를 전달하는 수단으로 사용했다. 이런 정치적 영향력을 잘 나타낸 소설로 조지 오웰의 '1984'를 들 수 있다.

페미니즘 언어 정책

페미니즘 언어 정책

- 영어
  chairman → chairperson
  he → he or she

- 한국어   - 스페인어
  여교사 → 교사   bonita(여성)
  여의사 → 의사   bonito(남성)

미국에서 chairman 과 같이 고위급 위치를 차지하는 직함에 남성형 명사가 사용되는 것에 대해서 최근 chairperson이라는 성적 구별이 없는 중성적 표현이 사용된다. 비슷한 예로 예전 영어에서 '인간'을 대표하는 대명사는 주로 'he'를 사용하였는데 최근에는 'he or she'라고 명하거나 아예 'they' 복수형을 사용한다.

한편, 언어상대성 이론이 설득력이 없는 경우들도 있다. 그것은 인간의 인지에는 보편적인 경향이 있기 때문이다.

상대성 이론의 사례

한국은 농경중심 사회로 주식인 쌀에 대해 햅쌀, 멥쌀, 찹쌀 등과 같은 다양한 어휘들이 존재하지만 쌀의 중요도가 떨어지는 서구사

회에서 영어로 쌀을 지칭하는 어휘는 rice 하나로 다양하지 못하다. 또한 에스키모에게 눈을 지칭하는 어휘가 다양하지만 눈을 볼 수 없는 나라에서는 이에 대한 어휘는 존재하지 않는다. 이는 한 문화권에서 중요하게 여겨지는 것은 다양한 어휘를 가진다는 것을 보여주는 예들이다.

친족어(kinship terms)

친족어

- 사회적 관계를 기술하는 어휘들은 문화마다 다르다.

aunt - 이모, 고모, 숙모
uncle - 삼촌, 외삼촌, 이모부, 고모부
mother-in-law - 장모님, 시어머니

하와이 고유어
punalua - 아버지, 어른 남자

사회적 관계를 기술하는 어휘들이 문화마다 다르다. 어떤 언어에서는 관계가 단순화된 경우가 있고 어떤 언어에서는 다양한 단어들로 나타나기도 한다. 예를 들어, 영어에서는 'aunt'라는 단어가 '이모', '고모' 모두를 가리키고 'uncle'은 '삼촌'과 '외삼촌' 모두를 가리킨다. 또한 'mother-in-law'도 '장모님'과 '시어머니' 둘 다 가리키는 어휘이다.

문법과 시제

문법과 시제

- 시제와 시간의 구별은 보편적
- 호피 언어 (Hopi language) : 호피 원어민 언어
  '시간을 한정하지 않는 언어' (timeless language)
  : 시간을 사건의 흐름이라고 생각

시제는 시간의 구별을 표시하는 문법 장치이다. 시제는 거의 모든 언어에서 나타나는 매우 보편적인 장치이다. 과거 현재 미래와 같은 구별은 종종 서구 사회에서 당연한 것으로 받아들여지지만 비서구 언어 연구자들은 이런 시간적 구별은 상대적이라고 말한다. 예를 들어 미국 인디언 언어들에는 이런 시간적 구별이 없이 미래를 표시하는 장치가 사용되지 않는다

Sapir-Whorf는 언어 상대성 이론 보다 더 강력한 이론인 언어 결정론(linguistic determinism)에서 다른 문화에서 온 사람들은 그들의 언어 차이 때문에 다르게 생각한다고 말한다. 예를 들어 Hopi 원어민인 워프(Whorf)는 영어 원어민과 다르게 현실을 인지한다. 호피 언어(Hopi language)는 다른 시간 개념을 가지고 있는데 워프(Whorf)는 호피언어(Hopi language)를 '시간을 한정하지 않는 언어 (timeless language)'라고 한다. 그 이유는 그들이 시간을 구체화 시키거나 단위로 나누어 세는 것이 아니고 사건의 흐름 (the flow of events) 이라고 생각하기 때문이다. 따라서 호피 언어(Hopi language)에서는 '잠시만 기다려주세요(hang on a minute)', '몇 일 있다 봐요 (see you in a couple of days)'라고 말하지 않는다.

에드워드 사피어(Edward Sapir, 1884-1939)

독일계 언어학자이자 미국에서 인디언들의 언어와 문화를 다루었던 인류학자. 소수언어를 중점적으로 연구하면서 언어와 인간의식 사이의 관계를 규명하기 위하여 39개 인디언 언어를 기술했다. 문화와 언어의 밀접한 상관관계를 주창한 초기 학자들 중 한 사람.

벤자민 리 워프(Benjamin Lee Wharf, 1897~1941)

벤자민 리 워프는 언어상대성, 즉 언어가 사고를 결정한다는 가설로 널리 알려진 미국의 언어학자다. 이 가설은 자신과 스승의 이름을 따서 흔히 "사피어-워프 가설"이라고 불리기도 한다. 워프는 MIT에서 화학공학을 전공하고 화재보험회사에 근무하면서 말년에 언어학 연구에 몰두한 특이한 경력의 소유자이기도 하다. 호피어 문법, 나와틀어 방언, 마야 비문 등에 관한 많은 논문을 발표했으며, 최초로 유토-아즈텍어를 재구성하고자 시도하기도 했다. 말년에는 언어체계가 그 언어사용자의 사고체계와 습관적 행동에 영향을 미치는 방식을 다룬 많은 논문을 발표했다

강의 이해하기

1. 한국어에서 특히 발달된 언어적 특징은 무엇인가?

2. 요즘 유행하는 영어책에는 이런 문구가 있다. 무엇을 인식한 문구들인가?
   "영어로 생각하라, 영어식으로 말하라"

3. 최근 프랑스에서 여성형, 남성형 어휘를 바꾸려는 정책적 시도가 있다.
   이러한 언어정책을 사피어 워프 가설로 설명하시오.

읽고 논하기

Lera Boroditskys의 눈감고 동남쪽 가리키기 실험에서 미국의 저명한 교수들이 교실의 이곳 저곳을 동남쪽이라고 가리킨 것과 달리 5살 난 호주 원주민 여자아이는 항상 정확한 방향을 표시하였다. 이 차이는 언어에서 발견할 수 있다. 호주 원주민 말에는 '오른쪽'이나 '왼쪽'과 같은 말은 사용하지 않고 'that girl to the east of you is my sister'과 같이 나침반 표시(compass point)를 사용하기 때문이다. 따라서 다른 언어를 배우고 유창하게 말하게 되길 원한다면 조금씩 또는 상당히 행동하는 방식 특히, 범주 분류 방법과 인지를 바꾸어야만 할지도 모른다. 즉, 외국어에 대한 모국어의 개념이 없으면 인지가 어려우므로 언어가 세상을 보는 관점을 만든다고 말할 수 있다.

토론주제

다른 언어를 말하는 사람들이 사물을 다르게 분류하고 말한다면, 이중언어자(bilingual)는 그들이 사용하는 언어에 따라 초점을 달리해야 할 것이다. 예를 들어, 영어에서 컵(cup)과 유리(glass)는 각자 이루고 있는 물질에 따라 분류한다. 그러나 러시아에서는 컵(cup)과 유리컵(glass)은 모양에 따라 분류한다. 배가 고프면 음식관련 자극에 집중되는 것처럼 다른 언어를 유창하게 구사하는 것도 마찬가지다. 또한 하나의 언어가 기억에도 영향을 줄 수 있는 예도 있다. Vladimir Nabokov라는 소설가는 영어, 불어, 러시아어의 삼중언어구사자(trilingual)이다. 영어로 된 회고록을 처음 출판 한 뒤 러시아어로 출판하자는 제의에 쉽게 동의를 하였지만, 영어로 된 책을 러시아어로 번역하려 했을 때 영어로 쓸 때는 기억나지 않던 것들이 떠올라 다소 다른 책이 되어버렸다. 이 소설가가 회고록을 영어, 러시아어, 불어로 출판했다면 이 작가는 회고록을 단지 번역한 것이 아니라 세 번 쓴 셈이 된다.

▶ 다음은 이중 언어구사자에 대한 예시이다. 다중 언어구사자인 소설가가 사용하는 언어에 따라 회고록의 내용이 달라지는 이유는 무엇인가?

미국 사람들은 바나나를 생각할 때 한 종류의 과일이라 생각한다. 그러나 멕시코에 가서 시장을 방문하면, 많은 종류의 바나나가 있다는 걸 알게 된다. 어떤 것은 크고 단단해서 감자처럼 요리에 쓰인다. 이런 바나나는 들어본 적도 없을 것이다. 또 어떤 것들은 엄지 손가락만큼 작고 사탕보다 달다. 이런 것도 상상해본 적 없을 것이다. 여기 멕시코에서는 바나나 종류만큼 많은 다양한 사실들이 있다. 당신이 볼 수 없었던 것은 알 수 없다.

▶ 어떤 이론의 사례인가?

▶ 위의 사례와 비슷한 예를 한국어에서 찾아본다면?

토론주제

미국의 한 회사가 멕시코에 디젤 엔진의 리빌트 부품을 제공하기로 하였다. 리빌트 (rebuilt)는 오래된 포장과 중심내용을 취해 결점을 확인하고 틀에 맞추어 단장하고 새 작동부품을 추가한다는 것을 뜻한다. 그래서 리빌트 부품은 새 제품과 같은 품질 보증을 받지만 가격은 덜 비싸서 새 것만큼 좋아 리빌트 부품은 미국 시장의 **80%**를 차지한다. 그러나 멕시코에서는 기술이 부족하기 때문에 이것이 잘 알려져 있지는 않다. 처음에 리빌트(rebuilt)라는 용어가 '고쳐 만들다(reconstruido)'라고 번역하였는데 사람들이 '중고(usado)'로 이해했고 질이 나쁘고 싼 제품으로 인식하여 문제가 되었다. 실제 새 제품이 아니기 때문에 그 제품을 '새것의(nuevo)'라고 부를 수도 없었기 때문에 여전히 그 문제를 해결하지 못하고 있다. 대안으로 완전히 똑같지는 않지만 알려진 브랜드의 새로운 부품이라는 의미의 단어 'marca libre'로 바꾸는 것을 고려중이다. 중요한 것은 제품의 상표를 붙이기 위한 기본 어휘 수준에서부터 문제가 생긴다는 것이다..

(Agar, 1994: 227),

▶ 위의 경우에서 고려하지 않은 것은 무엇인가?

A : 이 곳에 담배 꽁초를 버리지 마시오. 위험합니다.
   (Don't throw your cigarette butts in there. It's dangerous.)
B : 왜 안되나요? '비어있음'이라고 써 있는데
   (Why not? The label says 'empty')
A : 가솔린은 없지만 폭발성 증기는 많아요. - 그러니까 조심하세요.
   (Well there's no gasoline in them but there's plenty of explosive vapour
   - so watch out.)

⇨ 드럼에 'empty'라고 적혀있기 때문에 드럼 주위에 있는 사람들이 근처에서
   담배를 피우거나 담배 꽁초를 던져 넣을 수 있다는 것을 보여주는 예

Question: Does language constrain perception or vice-versa?
         Is thought independent of language or do the categories
         of langue pre-determine what we can think about or
         conceive of?

⇨ 사물을 묘사하거나 분류하기 위해 선택된 특정한 단어들이 종종 사람들의 인식과
   행동에 영향을 준다.

▶ 드럼의 'empty'의 실제의미와 노동자들의 인식의 차이는 무엇인가?

사형과 식인, 어느 것이 더 야만적인가?

만약에 우리와 다른 사회에서 살아온 관찰자가 우리를 연구하게 된다면 우리의 어떤 풍습이, 그에게는 우리가 비문명적이라고 여기는 식인풍습과 비슷한 것으로 간주될 가능성이 있다는 점을 인식해야만 한다. 여기에서 나는 우리의 재판과 형벌에 대해 생각해보고 싶다. 만약에 우리가 외부에서 이것을 관찰하게 된다면 우리는 두 개의 상반되는 사회 유형을 나눌 수 있을 것이다.

어떤 무서운 힘을 지니고 있는 사람들을 중화시키거나 자신들에게 유리하도록 변모시키는 방법에 대해서 식인 풍습을 실행하는 첫 번째 사회유형에서는 그 사람들을 자기네의 육체 속으로 빨아들이는 것이 최선이라고 믿는다. 반면에 우리 사회와 같은 두 번째 사회 유형에서는 이 끔찍한 사람들을 일정 기간 또는 영원히 고립시킴으로써 사회로부터 추방하는 것을 최선이라고 생각하면서 특별히 고안된 시설 속에 고립시키고 모든 접촉을 금한다.

우리가 미개하다고 여기는 대부분 사회의 관점에서 볼 때, 우리와 같은 사회가 행하는 이러한 풍습은 그들에게 극심한 공포를 불러일으키는 것이다. 단지 우리와 대칭되는 풍습을 지니고 있다는 이유만으로 우리가 그들을 야만적이라고 간주하듯이 우리들도 그들에게는 야만적으로 보일 것이다.

문화인류학자 레비 스트로스의 『슬픈 열대』중에서

@에 대한 짧은 고찰

이메일 주소에 흔히 사용하는 기호 @는 한글로는 '골뱅이', 영어로는 'at'으로 흔히 불린다. 이는 스페인어로는 아로바(arroba)라고 부른다. 최근에 스페인어 화자들 사이에서 성차별을 방지하고 이를 실천하는 하나의 수단으로 활용되고 있다.

스페인어의 명사에는 남성형, 여성형이 존재한다. 자연스럽게 명사를 꾸며주는 역할을 하는 형용사 역시 수식해주는 명사의 성, 수에 맞춰 함께 변화시켜줘야 한다. 많은 학생들이 형용사나 명사의 단어를 적을 때 단어의 성을 표기해두는 버릇이 생긴다. 가령, '예쁜, 멋진'에 해당하는 형용사를 적을 때, 'guapo(a)' 또는 'guapo/-a'와 같이 ' -a'를 뒤에 붙여 o를 a로 바꿀 수 있음을 알아볼 수 있도록 표기하곤 하는 것이다.

수많은 명사와 형용사를 매번 이렇게 필기할 수 없으므로 이 단어들의 대표형을 각각의 명사나 형용사의 '남성 단수형'으로 할 것을 약속했다. 즉 사전에서 단어를 검색할 때도 bonita(여성단수), bonitas(여성 복수), bonitos(남성복수), bonito(남성단수)로 검색해야 한다. 왜 남성 단수형이 기본형인가? 더욱이 '우리', '그들' 등의 다수를 지칭하는 인칭대명사의 경우, 남녀 구성비와 상관없이 남성 복수형을 사용한다. 예를 들어 남성 집단은 'nosotros', 여성 집단은 'nosotras'이지만, 그룹에 여성이 99명 있어도 1명의 남성이 있으면 그 집단은 'nosotros'를 써야한다.

이러한 문제에 대한 하나의 표현으로 'arroba'의 사용이 눈에 띈다. '@'은 a를 o가 감싸고 있어 하나의 기호안에 'a'와 'o'가 함께 있다. 그리고 이 기호를 'amig@s', chic@s'와 같이 사용하여 남성, 여성을 한꺼번에 표현하여, 인터넷이나 일상생활에서 많이 활용되고 있다. 경제적이고 성차별적인 느낌도 피할 수 있다.

예전에 남자들이 지배적이었던 직업군의 단어들인 'jefe(사장)', 'presidente(대통령)'등의 단어를 'jefa', 'presidenta'와 같은 여성형을 만들어 사용한지 오래다.

- 매일경제 by곽은미(스페인어 강사) -

컨택트(Arrival)

* **줄거리**

  중국계 미국인 테드 창의 '네 인생의 이야기'를 원작으로 한 영화로 언어학자 루이스 뱅크스 박사(에이미 아담스)와 과학자 이안 도넬리(제레미 레너)가 외계 생명체가 지구에 온 이유를 밝히기 위해 노력하는 과정을 담고 있다.

  서로의 언어를 이해할 수 없는 인간과 외계생명체는 어떻게 의사소통을 할 것인가? 루이스가 그들과 소통하기 위해 그들의 언어를 이해하기 시작하고 인간의 언어가 아닌 외계의 언어로 자신의 삶을 되돌아 보게 된다.

* **헵타포드의 언어 (Haptapod Language)**

  루이스가 만난 외계 생명체는 다리가 7개가 있다하여 햅타포드라 부르고 그들이 사용하는 언어를 햅타포드어라 한다. 이는 표의문자(表意文字, ideograms)로 단어 하나가 어떤 의미를 가지고 있으며 소리가 없는 언어이다. 문자는 복잡한 원으로 표현되며, 첫-중간-끝 부분 획이 하나로 이루어져 있다.

제3장 언어에 나타나는 문화

이 장에서는 언어적 상대주의가 설명하는 언어 속에서 드러나는 문화적 특성에 대해서 살펴본다.

1. 단어와 의미

'정情'이란 무엇인가? 이 단어를 모르는 한국 사람은 없지만 설명하기는 무척 어렵다. 이처럼 언어마다 그 나라 고유문화 개념을 나타내는 단어들이 있다. 그래서 모국어 화자라 할지라도 그 의미를 말하는 것이 어렵고 따라서 외국인들은 더욱 이해하기 어렵다. 다른 언어권에는 대응할 수 있는 개념이 없으므로 번역도 쉽지 않다. 이러한 어휘의 차이가 생기는 이유는 무엇 때문인가? 언어의 차이는 소리와 기호의 차이가 아니라 민족의 세계관 차이로써 객관적인 대상에 대한 민족의 견해가 다른 것이기 때문이다. 따라서, 우리 문화에 존재하지 않는 어휘들을 이해하기 위해서는 그 언어를 사용하는 사람들의 문화와 역사적 사실들을 먼저 이해해야 한다.

  (1) The marker is dead. (마커가 다 되었습니다.)
  (2) It took me three hours. (세 시간이 걸렸습니다.)
  (3) They (oysters) don't like me. (굴이 내게 맞지 않습니다.)

위의 예문들은 생물 주어 구문이다. 한국인 학생들은 이러한 구문들을 잘 사용하지 못하는데 이는 한국어에서 무생물을 주어자리에 잘 사용하지 않으며 주어가 사물이냐 사람이냐에 따라 사용하는 어휘가 다르기 때문이다.

1.1 색깔용어(color)

색깔 용어(color)

한국 – 7색깔 (빨주노초파남보)
서양권 – 6가지 (파란색+ 남색)
Navaho족 – green + blue + purple
Zuni – yellow + orange
➔ 문화마다 색채 어휘의 분절이 다르다

무지개를 바라보는 시각은 나라마다 다른데 한국에서는 '빨주노초파남보' 7개를 무지개 색이라고 한다. 하지만, 서양권에서는 남색과 파란색을 구별하지 않고 모두 blue라고 칭하므로 무지개 색은 6가지이다. 인디언 Navaho족은 green, blue, purple을 구분하지 않고, Zuni족은 yellow와 orange를 합쳐 하나의 단어로 나타낸다. 사람들이 하나의 무지개를 이처럼 서로 다르게 표현하는 것은 사람마다 문화마다 색채 어휘의 분절이 다르기 때문이다.

1.2 신체어(body part terms)

신체어 (body part terms)

모든 언어에는 body part에 대해 말하는 방식이 있다.

손 + 팔 =    발 + 다리 =

다리 + 발목 + 발가락 = 다리

모두가 그들의 문자 의미에서 영어와 상응하는 머리, 눈, 코, 입이라는 어휘를 가지고 있다. 즉, 모두가 이 단어에 정확하게 상응하지 않더라도 모든 언어는 손, 팔, 다리, 발에 대해 말하는 방식이 있다. 따라서 Body part에 대한 어휘보다 더 확실한 개념은 없을 것이다. 어떤 언어는 hand와 arm을, foot과 leg를 한 단어로 모두 커버하는 어휘가 있다. 또 어떤 언어에서는 영어의 leg와 가장 가까운 단어의 의미가 ankle에서 끝날 수도 있고 toe의 시작까지 연장될 수도 있고 toe까지 포함 할 수도 있다. 또 어떤 언어에서는 손가락과 발가락이 같은 단어에 의해서 나타날 수도 있다. 영어에서는 손과 손가락이 구별되어 있지만 어떤 언어에서는 이런 구별이 없다. 이처럼 언어의 의미 구분이 다른 것은 문화적 언어적 차이이다. 한국어는 동물과 사람을 가리킬 때 사용되는 신체 부위어가 다르다.

	영어	한국어
손	hand - finger	손 - 가락
발	foot - toe	발 - 가락

1.3 호칭어

호칭어
aunt – 이모, 고모
한국어 – 외가와 친가를 구분
　　　　식당에서도 사용 '이모', '어머니'
독일어 – du : informal second person singular pronoun
　　　　sie : formal version

사회적 관계를 기술하는 단어들은 문화마다 다르다. 어떤 언어에서는 관계가 단순화된 경우가 있고 어떤 언어에서는 다양한 표현들이 있다. 예를 들어 영어에서는 이모와 고모를 모두 aunt라는 단어 하나로 외가와 친가의 구별 없이 사용한다. 그에 비해 한국어에서는 친가와 외가가 다른 용어들로 사용된다.

오스트리아에서 'you'를 의미하는 단어로 'du'와 'sie'가 있다. 'du'의 의미는 'you, informal second person singular pronoun'으로 친척, 친구, 아이들에게 사용한다. 'sie'는 'you, formal version'으로 모두에게 사용할 수 있다. 이는 문법책에 확실하게 설명하고 있지만 실제 사용은 책처럼 명확하지 않다. 예를 들면, 남자친구의 친구는 본인이 친하지 않더라도 'du'를 사용하는 식이다. 이렇게 'you'에 해당하는 어휘를 오스트리아에서는 구분해서 사용하지만 영어에서는 구분하지 않는다.

1.4 서수사

서수사 : 숫자 세는 법
  영어 : one, two, three…
  한국어 : 하나, 둘, 셋…..
        나무 – 한 그루, 두 그루, 세 그루…
        동물 – 한 마리, 두 마리, 세 마리…
        옷 – 한 벌, 두 벌, 세 벌…
        바퀴 – 한 바퀴, 두 바퀴, 세 바퀴…

문화간 비교 연구는 문화마다 숫자를 세는 방법도 서로 다르다는 것을 보여준다.. 예를 들어 영어에는 한 가지 방법의 숫자 세는 법이 있는 반면 일본어나 미국 인디언 언어에는 여러 가지의 세는 방식이

있다. 예를 들어 한국어에서도 물건의 종류에 따라 다른 표현이 사용된다. 계란을 세는 경우 '한 개', '두 개' 라고 세듯이 '개'와 같은 표현이 사용되고 사람을 세는 경우는 '한 사람', '두 사람'과 같이 '사람'이라는 세는 단위가 사용된다.

1.5 대명사

● **지시 대명사**
  영어 : this(여기), that(저기)
  한국어 : 여기, 저기, 거기

● **인칭 대명사**
  you – 당신, 너
  I – 나, 저

영어에는 지시대명사를 여기(this), 저기(that)라고 구별하지만, 비서구어 가운데에는 세 가지로 구별이 된다. 예를 들어 한국어의 경우 이것, 저것, 그것으로 세 가지로 구별하는데 여기서 한국어의 '그것'은 영어의 'it'과 조금 다르다. 한국어의 '그것'은 영어와 달리 '나와 너의 시각에서 벗어난 머리 속에 들어 있는 것'으로 해석 될 수 있기 때문이다. 지시하는 표현의 경우 영어는 두 개로 나뉘어 위치를 나타낼 때 서로 다른 분류를 보여주고 있다.

영어에서 너 (you)가 상대방과 관계에 상관없이 한 가지로 사용되는데 비해 아시아 언어에서는 '당신'과 '너' 두 개로 나뉘어 진다. '나'를 언급하는 방식도 두 가지로 나뉘어 진다. 영어에서는 'I' 한 가지로 표현되는데 비해 한국어에서는 '나'와 '저'와 같이 두 개의 방식이 존재한다.

유럽어에서도 이인칭 대명사의 경우 이런 구별이 존재한다. 상대적으로 신분이 높은 상대방을 가리키는 대명사와 상대적으로 낮은 신분을 가리키는 대명사가 있다. 아시아 언어만큼 발달되어 있진 않지만 영어보다는 신분에 민감한 경향을 보여준다.

1.6 존댓말과 반말의 구별

> ● **존대말과 반말의 구별**
> 언어적 차이에서 관계가 나타난다.
> 높임말과 반말
>
> ● **문법구조에 나타나는 특징**
> 시제 : 시간을 가리키는 언어적 장치
> 인디언 언어 – 현재 중심적 언어

언어적 차이에서 관계가 나타난다. 일본어, 한국어에서는 높임말 반말과 같은 요소가 있어서 관계에 따라 다르게 선택된다. 최근 어미를 생략하는 현상들은 이런 관계가 명확하지 않은 경우 일어나는 현상으로 볼 수 있다. 영어는 한국어처럼 존대말과 반말을 구별하지 않지만 공손을 나타내는 장치가 있다. 조동사와 같은 문법 장치를 사용하거나 문장의 형태를 바꾸어 상대방의 체면을 상하게 하지 않으려는 다양한 방법을 사용하고 있다.

1.7 문법구조에 나타나는 특징

어휘와 의미 외에 문법 구조 안에서도 차이가 나타난다. 문법 요소에서도 문화적 차이가 드러나고 있다. 우리가 보통 언어를 기술하는데 사용하는 동사, 명사, 시제와 같은 요소들은 서로 다른 방식으로 사용된다. 어순만 살펴보아도 한국어는 주어 목적어 동사의 순서로, 영어는 주어 동사 목적어 순으로 문장이 형성된다.

1.8 시제

문법에서 시제란 시간을 가리키는 언어적 장치이다. 미국의 인디언 언어의 경우 미래 시제가 부족한 언어가 있다. 따라서 이들이 회의나 여행과 같은 앞으로 일어날 일에 대해서도 현재형으로 나타낸다. 이들 언어에는 현재와 미래의 구분이 뚜렷하지 않다. 워프가 연구한 호피 언어 (이것도 미국 인디언 언어)의 경우에도 미래 시제가 결여되어 있다. 이런 문화권은 현재 중심적 언어에 속한다.

2. 관용어구

관용구란?

1차적 의미 : 관용구를 이루고 있는 단어들의 의미 조합
2차적 의미 : 역사적 에피소드나 문화 등이 적용
            관용구 이면의 역사나 문화를 모르면 이해하기 어려움.

bucket list

관용구란 두 개 이상의 단어로 이루어져 있으면서 그 단어들의 의미만으로는 전체의 의미를 알 수 없는, 특수한 의미를 나타내는 어구를 말한다. 1차적으로 관용구를 이루고 있는 단어들의 의미를 조합하여 그대로의 의미를 나타내기도 하지만 2차적으로 역사적 에피소드나 문화 등이 적용되어 그 의미가 확장될 수 있다. 이렇게 확장된 의미는 문화적으로 굳어져 사용하게 되는데, 관용구 이면의 역사나 문화를 알지 못하면 이해할 수 없다. 영어에서 잘 알려진 표현으로 '버킷리스트' 라는 영화가 있다. 여기서 '버킷bucket'은 '양동이'를 가리키는 말인데 어째서 '죽기 전에 해야 할 일의 목록'이란 의미의 단어에 사용된 것일까? 이것은 중세시대에 자살할 때 목에 밧줄을 감고 양동이를 차 버리는 행위 즉, 'kick the bucket'에서 유래되어 '죽음'의 의미로 전이되어 사용된 것이다. 이처럼 우리의 언어습관 가운데에는 그 문자적 의미가 아닌 전이된 의미만을 가지고 소통하는 경우가 많다. 다음은 한국에서 많이 사용되는 관용어구들을 살펴보자.

2.1 한국어 관용어구

서양권에서 나이는 사적인 부분이므로 친해지기 전에 나이를 물어보는 것은 실례이다. 그러나 한국에서는 나이가 서로의 관계를 형성하는 데 중요한 역할을 하기 때문에 처음 만났을 때라도 나이를 물어볼 수 있다. 이처럼 한국에서는 나이가 관계에 많은 영향을 미치므로 이에 관한 관용어구들이 많이 있다. 다음 예들의 의미는 무엇이며 그 의미를 획득하게 된 과정도 이야기 해 보자.

(1) 머리에 피도 안 마른 것들이

(2) 먹을 만큼 먹었어요

(3) 나잇값도 못한다

한국 문화에서 많이 언급되는 관용어구 중에는 밥과 관련된 표현들이 있다. 어느 음악 프로에서 오프닝 멘트로 사용된 밥과 관련된 표현들을 살펴보자.

(4) 한솥밥을 먹는다

(5) 식구 - 밥을 먹는다

(6) 식사하셨어요 인사로

(7) 약속은 '언제 밥 한번 먹죠'라는 말로 한다.

아래의 전화통화할 때도 자주 쓰이는 관용어구의 예문을 보고 이 문화와의 차이를 이야기 해보자.

(8) 여보세요?

(9) 누구세요?

(10) burned out

(11) 진이 빠지다.

(12) fed up

(11)의 한국어 예문에서 진이 빠지는 것처럼 뭔가 몸에서 빠져 나가 탈진된 상태를 의미한다. 뭔가 물과 같은 것이 빠져 나가는 것으로 정신적으로 지친 상태를 표현한다. 그러나 (10)의 영어예문에서 burned out이나 fed up은 뭔가 하다가 꽉 차서 정신적으로 지쳐 버린 상태를 가리킬 때 사용하는 말이다. 한국에서는 같은 상황이라도 언어적으로 나타내는 방법이 다른 것을 알 수 있다.

2.2 신체부위를 이용한 관용어구

관용구에는 문화가 실려있다. 관용구에 실린 여러 신체관련 표현에서 많은 문화적 요소를 발견할 수 있는데 독일어 관용구의 20% 이상이 이 신체와 관련된 표현이라고 한다. 우리는 각 신체부분에도 특정한 속성들을 부여하고 그 상징적 의미들을 이용하여 관용구나 은유에 이용한다. 서로 다른 문화권에서 이러한 의미들의 속성과 상징적 의미들이 상이하므로 이러한 신체부분이 사용된 상용구나 은유의 해석이 어려운 것은 당연하다. 다음의 주어진 예로 각 문화마다 언어적 표현을 사용하는 방식이 얼마나 다르고 많은 문화가 그 언어적 표현 속에 깃들어 있는가를 알아보자.

독일

자유롭게/새롭게 간에 대해 말하다
누군가의 간 위를 이가 뛰어다닌다.

터키

자신의 간을 관통하다
간을 잘게 자르다.

한국

- 눈 귀 코 손 등의 어휘는 발생사적으로
1) 발이 넓다
2) 눈이 높다
3) 배가 아프다
4) 속이 좁다
5) 꼬리가 길면 잡힌다

3. 은유 metaphor

은유란 추상적인 개념을 좀 더 구체적인 것에 빗대어 말하는 것으로 주로 '무엇은 무엇이다'라는 구조를 지닌다. Lakoff는 은유를 '근원 영역' 으로부터 '목표영역'을 설명하려는 체계적 인지 사상이라고 했다. 근원영역이란 일상적인 경험으로부터 얻어지는 명백하고 구체적인 영역을 의미한다. 반면 목표 영역은 낯설고 추상적인, 구조화 되지 않은 경험에서 비롯된 영역을 말한다. 즉, 우리에게 익숙한 것을 통해 익숙하지 않은 내용을 개념화하려는 시도라고 말할 수 있다. 이것은 직유나 격언처럼 한 두 줄의 표현이 아닌 '무엇은 무엇이다'라는 관점을 가리킨다. 이를 위해서는 목표영역과 근원영역 사이에 유사한 특성을 찾아내야 하는데 이 때 각 단어에서 연상되는 것이 무엇인가에 따른 문화적 차이를 발견할 수 있다. 어떤 문화권에서는 추론에 의한 결합보다 연상적 결합의 구속력이 훨씬 강하다. 한 가지 예로, 태양에 대한 연상 도식을 보자.

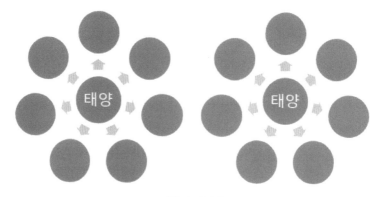

< 태양의 이미지 >

위의 도식에서 보듯이 같은 단어에서 연상되는 이미지는 상반된
다. 따라서 태양을 이용한 은유의 의미는 나라마다 다르게 이해될
수 있다. 즉, 우리가 사용하는 언어는 문화와 인식을 반영한 은유가
녹아있다. (Lakoff) 다음의 도식으로 '엄마'와 '시간'에 대해 떠오르
는 이미지를 연상해 보자.

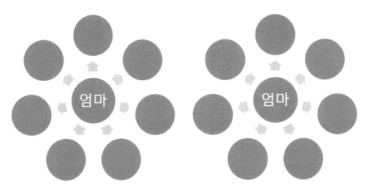

<엄마의 이미지>

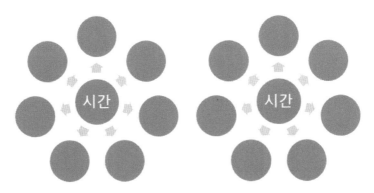

<시간의 이미지>

Lakoff의 연구에서는 영어의 여러 표현들을 통해서 예를 들면, 토론에 대한 관점, 시간, 그리고 인생에 대해 아래와 같은 메타포를 찾는다.

(1) Argument as war.
(2) Time as money.
(3) Life as journey.

한국에서 전쟁은 '살과의 전쟁' 또는 '수강전쟁' 등과 같이 극한 상황을 전쟁으로 바라보기 때문에 이와 같은 은유적 표현이 사용된다. 이러한 관점에서 보면 (1)과 같이 argument (논쟁)가 전쟁이라는 은유는 가능하지 않다. 그러나 영어에는 논쟁을 나타내는 표현에는 다음과 같이 전쟁과 관련된 단어들이 사용된다.

상대방을 공격하다 (attacking your argument)
자신을 방어하다 (defending one's point)

그렇다면 argument가 전쟁에 빗대어진 근거는 무엇인가? 우선 argument에서는 다른 의견을 가진 상대방이 존재한다. 상대방이 내 논리의 취약점을 찾아 공격하면 나는 방어하기 위하여 전략을 짠다. 방어를 제대로 하지 못하면 내 논리는 무너진다. 이렇게 해서 이기는 쪽과 지는 쪽이 생기게 되는데 이 모양이 마치 전쟁과 비슷하다. 이처럼 생긴 표현이다. '전쟁'에 대해 연상되는 이미지가 문화마다 다르므로 은유의 표현도 달라진다고 볼 수 있다.

영어에서 시간은 주로 '돈'과 같은 개념으로 받아들여진다. 영어에서 시간에 대해 나타내는 은유적 표현을 보게 되면 영어권 문화에서는 시간과 같은 추상적인 개념이 돈처럼 받아들여지는 것을 볼 수 있다. 서구 사회에서는 시간은 돈이라는 문화를 볼 수 있다.

시간을 낭비하지 마라 (Don't waste time)
시간을 써버렸다. (I've spent too much time on it)
얼마나 시간이 남았니? (how much time do we have left?)

This gadget will save your hours.
That flat tire cost me an hour.
I've invested a lot of time in her.

조지 레이코프 (George Lakoff, 1941~)

미국 캘리포니아 버클리대학교 언어학과와 인지과학과의 골드만 석좌교수. 국제인지언어학회의 초대 회장을 지냈고 인지언어학의 창시자 중 한 사람이다. 정치 프레임 구성 분야의 미국 최고 전문가이기도 하다. 라디오와 TV에 출연하고 대중 강연을 하는 동시에 미국의 사회적 쟁점을 둘러싼 진보와 보수의 프레임 전쟁에서 진보가 취해야 할 방법과 나아가야 할 방향을 제시하고 있다.

읽고 논하기

토론주제

대학 어학 강좌를 마친 후 시험을 치러야 했던 한 칠레인은 강사에게 그가 자신의 친구 (amigo)라고 보낸 암시에도 그 강사가 전혀 반응하지 않고, 정상적으로 계속 시험을 보 도록 한 것을 이해 할 수 없었다. 칠레인의 생각에는, 그의 친구라면 쉬운 문제들로 시험 이 치러지도록 했었거나(그렇지 않다면 그는 친구가 아닐 것이고) 그에게 미리 절교를 선언해야만 했다. 그래서 그는 배신감을 느꼈다.

▶ 칠레인이 배신감을 느낀 이유는 무엇이며 'amigo'의 의미는 무엇인가?

토론주제

나는 독일어 사전이 일련의 선택된 예문들을 통해 어떤 의미가 그 단언 안에 포함되어 있는지, 그리고 그 의미가 어떻게 항상 상이하게 산출되고, 달리 판단되며, 달리 조명되 지만, 결코 완전히 소진되지 않는지에 대하여 성과를 거두기 바란다. 그 모든 내용은 그 어떤 정의로도 설명될 수 없다. (Grimm 1847/ 1953:811)

▶ 외국어 사전에서 설명하고 있는 단어의 의미가 모국어의 의미와 일치하는가?
  가령, 친구와 'friend'는 같은 의미인가?

가나를 여행하는 중에 사람들은 가는 곳 마다 소위 '하이 라이프 음악(high-life-music) 이라는 것을 듣게 된다. 이 음악은 경쾌하고 활기차며 매우 따뜻할 뿐 아니라 삶의 기쁨을 느끼게 해주며 유희적이라고 느끼게 했다. 그래서 가나 친구들에게 이 음악을 음향적 태양이라고 말해주었다. 이는 유럽인 친구가 정확한 메타포로 설명했던 표상이었는데, 가나인들은 이러한 감동이 묻어난 비유에 대해 침묵하였다. "왜 너는 이 음악이 태양과 같다고 생각하니? 태양은 격렬하고 무자비하며, 삶을 불태워 없애고 파괴하잖나- 사람들은 태양 앞에서 자신을 보호해야만 해! 우리 음악은 완전히 달라"

▶ '음향적 태양'이라는 음악에 대한 메타포가 실패한 이유는 무엇인가?

30대 초반의 두 영국 여성이 플로리다에서 휴가를 보내고 있었다. 어느 날 저녁, 음악과 춤이 있는 바에서 30대 미국인 남자가 이들 중 한 명의 여성에게 점잖게 다가가서 춤을 추자고 권했다. 그녀는 춤추고 싶지 않았지만 남자의 기분을 상하게 하고 싶지 않아서 'No thanks' 대신에 상냥하게 웃으며 '지금은 안되겠네요. 예전의 전쟁 때의 상처가 다시 도졌네요'라고 말했다. 보통 영국 남자들은 그녀의 이 같은 대답에 웃음을 터트리고는, 자존심 상하지 않고 물러났는데 이 미국인은 동정 어린 눈빛으로 '아, 참 안됐습니다. 어느 전쟁에 참가하셨나요?'라고 되물었다. 그녀가 농담한 것이라고 하자, 그는 당혹한 표정을 지었다.

▶ 다음은 민감한 사례의 어떤 부분에 해당하는 예시인가?

▶ 미국인이 당혹한 표정을 지은 이유는 무엇이라 생각하는가?

[팀 알퍼의 한국 일기] 영어의 '개처럼 지쳤다'는 욕이 아니라 칭찬

조선일보 (2018.03.27.) 팀 알퍼 칼럼니스트

개는 욕설을 뜻하는 한국어와 달리 영어에선 '최선 다해 노력' 의미
영어권에서 돼지는 탐욕 뜻하지만 한국선 '살찐 사람'으로 인식
동물에 대한 양국 인식 반영... 세월 흐르면서 의미 달라지기도

- 돼지 : 영어권이든 한국이든 일반적으로 모욕적이고 공격적인 의미
  - 영어권 : 무례하고 검은 욕망으로 가득 찬 존재
  - 한국 : 비만의 척도를 가늠하는 인식, 살찐 사람

- 개
  - 영어권 : 고된 노동의 상징
    'dog-tired': 온종일 최선을 다해서 기진맥진해진 상태
    '개처럼 일한다': 다른 사람들이 알아주지 않아도 열심히 노력한다는 것을
    의미하는 가벼운 칭찬
  - 한국 : 개는 비천한 사람
    타인을 지칭하는 가장 모욕적인 언사

- 관용구의 변화
  - 여우(fox): 간사하고 교활한 사람 → 매력적인 여자(1980~90)
    'She's such a fox! (그녀는 정말 예쁘다!)'
  - 짐승(beast): 상대방에 대한 매너나 연민을 전혀 찾아볼 수 없는 사람 지칭 → 노련
    한, 인상적
    'Did you see Yun Sung-Bin win the skeleton in Pyeonghcnag?
    What a beast! (윤성빈이 평창에서 스켈레톤 우승하는 것 봤어? 정말 인상적인 선
    수였어!)'

조선일보 오피니언 [팀 알퍼의 한국일기] 중

Peers' research - 한국어 관용표현

- **시간**

  - 시도 때도 없다 : 시간에 구애받음이 없다.
  - 분초를 다투다 : 아주 짧은 시간이라도 아끼어 급하게 서두르다.
  - 가는 날이 장날 : 일을 보러 가니 공교롭게 장이 서는 날

    어떤 일을 하려고 하는데 뜻하지 않은 일을 당함

- **하늘**

  - 하늘에 맡기다: 신에게 맡기다와 같은 의미로 운명에 따른다는 의미
  - 하늘이 두 쪽 나도: 하늘을 세상으로 바라보는 생각에서 아무리 큰 어려움이 있더라도
  - 하늘이 캄캄하다: 사람의 생각이 멈춰 아무것도 떠오르지 않아 그런 상황을 캄캄하다.

    즉 큰 충격을 받아 정신이 아찔하다는 의미
  - 하늘 높은 줄 모른다: 높은 하늘이 있어도 자신이 높다고 생각하는 어리석은 생각을 나타

    내는 것으로 자기의 분수를 모른다는 의미

- **땅**

  - 땅이 꺼지도록: 땅이 꺼질 정도로 한숨을 쉰다는 것으로 상심이 크다
  - 땅에 떨어지다: 가진 것이 땅에 떨어지는 것은 몰락의 의미를 가지게 되므로 명예나

    권위 따위가 회복하기 어려울 정도로 손상되다.
  - 땅을 칠 노릇: 몹시 문하고 애통함을 이르는 말

- **개판 오 분 전**

  전쟁 당시 피난길에 음식 배급판을 여는 것을 개판이라고 하는데 정신없는 현장을 이름

- **삼천포로 빠지다**

  이야기가 곁길로 빠지거나 일을 하는 도중 엉뚱하게 다른 일을 하는 것을 말함.

제 2 부

의사소통을 이루는 요소들

제1장 비언어적 의사소통

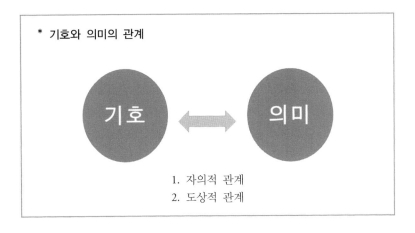

* 기호와 의미의 관계

기호 ⟷ 의미

1. 자의적 관계
2. 도상적 관계

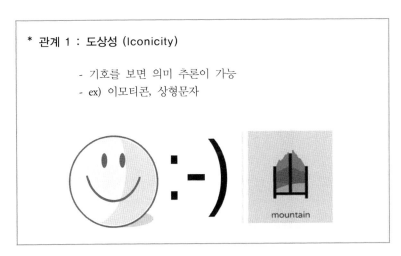

* 관계 1 : 도상성 (Iconicity)

- 기호를 보면 의미 추론이 가능
- ex) 이모티콘, 상형문자

mountain

* 관계 2 : 자의적(arbitrary) 관계

    - 기호와 의미가 아무런 관련성이 없다
    - ex) 언어

사과 / apple

기호와 의미 관계를 규정짓는 두 가지 특징을 살펴보자. 먼저 도상적 (아이콘적)인가 하는 것은 기호를 보면 의미 추론이 가능한 것으로 텍스트 메시지에서 사용하는 이모티콘이나 상형문자가 여기에 포함된다. 그 다음은 자의적 (arbitrary)인가 하는 것인데 이는 기호와 의미 관계가 임의적이어서 아무런 관련성이 없다. 언어 체계가 여기에 포함되는데 사과가 영어로는 apple이라고 부르고 한국어로는 사과로 부르는 경우이다.

* 비언어적 의사소통
- 언어를 제외한 의도적, 비의도적 의사소통
- 얼굴표정, 태도, 스킨십(physical contact), 신체접촉 정도 등
- 언어적 요소보다 직접적 '신체는 거짓말을 하지 않는다'
- 문화는 비언어적 의사소통 체계를 포함한다.
- 비언어적 행위도 문화에 따라 다른 의미를 가질 수 있다.

비언어적 의사소통은 언어를 제외한 비언어적 신호를 사용하는

76   문화소통과 언어

의도적, 또는 비의도적 의사소통을 말한다. 이는 몸의 일부를 이용한 얼굴표정, 태도, 스킨쉽, 대화 상대자들의 거리 배치 등에 따른 정보교환이다. 비언어적 요소는 언어적 요소보다 더 직접적이라고 말한다. 무의식적인 생각을 보여주기 때문이다. 신체는 거짓말을 하지 않는다.

Hinde 등 여러 학자들에 따르면 비언어적 의사소통도 의사전달의 기능을 가지며, 같은 행위일지라도 상황에 따라 의미가 달라질 수도 있고 전달된 의미를 해석하는 과정에서 애매함이 발생할 수 있다는 것을 특징으로 들고 있다.

한 사회의 생활 양식인 문화는 그 고유의 비언어적 의사소통 체계를 포함한다. 따라서 각기 다른 비언어적 의사소통이 다른 문화나 민족에 존재하며 같은 비언어적 행위라도 문화에 따라 다른 의미를 가질 수도 있다.

- 비언어적 커뮤니케이션이 언어적인 것보다 훨씬 영향력이 있다 (Ruesch & kees)

- 인간은 전적으로 언어뿐만 아니라 모든 감각을 활용할 수 있는 다감각적 존재이다.(Birdwhistell)

- 커뮤니케이션 중 60%가 비언어적이다. (Hall)

1. 제스쳐 (gesture)

* 제스처 (Gesture)
- 의도적 몸짓으로 손과 팔의 움직임 등으로 정보전달 하는 것
- 제스처의 속도와 횟수는 문화마다 관습화 됨
- 관습화된 몸짓 -> 나라마다 다른 의미 -> 문화의 차이

제스처는 의도적 몸짓으로 손과 손가락, 팔의 움직임 등으로 정보 전달을 하는 것이다. 이러한 제스처의 속도와 횟수도 의미를 지니며 몇몇의 제스처는 관습화 되어있다. 관습화된 몸짓은 나라마다 다른 의미를 나타낼 수도 있는데 이는 곧 문화의 차이에서 오는 것이다. 예를 들면 이탈리아 사람들이 독일어권 사람들 보다 말할 때 손을 더 많이 이용한다. 일본사람들이 손가락 끝을 핥아서 눈썹 위를 쓰다듬는 것은 누군가를 거짓말쟁이라고 여긴다는 제스쳐이다.

우리나라에서 자주 쓰이는 제스쳐에는 어떤 것이 있는가? 혹시 우리나라 사람들에게만 통용되는 제스쳐가 있을까? 그렇다면 어떤 것들이 있겠는가?

1.1 손동작

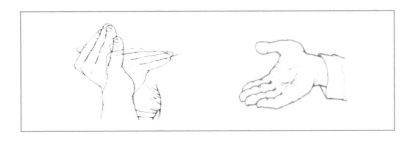

손짓들은 손을 이용해서 만드는 움직임이다. 일본 사람들이 손바닥을 아래로 하고 손을 위아래로 흔드는 것은 "이리 와"라는 의미이고 중유럽 사람들의 같은 손짓은 "안녕히 가세요"를 의미한다. 또한 영국에서는 손바닥을 위로 해서 부르는 동작과 손바닥을 아래로 부르는 동작을 구별하여 사용한다. 하나는 동물을 부를 때 사용하고 나머지 하나는 사람을 부를 때 사용한다.

---

* The thumb up sign

한국: 최고다, 잘했다.

호주: 거절, 무례함

그리스: 입 닥치고 가만히 있어

중동국가: 음란행위

보통 엄지를 세우는 'thumb up' 사인은 '최고' 또는 '좋아요'의 의미로 사용되지만 일부 지역에서는 성적인 모욕을 뜻한다. 1996년

방글라데시 국회에서 한 장관이 의원들이게 엄지를 세우는 손짓으로 아수라장이 된 적이 있다.

---

* The okay sign

한국: 주로 긍정, 좋아요
브라질, 중동, 아프리카, 터키
    : 이성을 유혹 성적 모욕
프랑스 : 형편없다, 가치 없다.

오케이 사인은 '좋다'는 의미로 보통 인식하고 있지만 우리나라나 일본, 필리핀 등에서는 동전의 동그란 모양을 나타내어 '돈'이라는 의미로 통한다. 또한 독일, 러시아, 브라질, 터키에서는 성적인 단어로 사용되니 조심해야 한다.

---

* The V sign

- **손바닥 보이는 V**
  영국 : victory
  그리스, 터키: 모욕감
- **손등이 보이는 V**
    영국 : 상대방 경멸
    외설적 모욕

---

* The high five sign

한국: 기쁘거나 축하
그리스: 난 당신에게 화가 났다
　　　넌 재수 없을거야.
　　　당신에게 모욕을 주겠다.

* The rock and roll sigh

락 스피릿
이탈리아: 당신의 아내는 바람 피우는
　　　　 부정한 여자다

1.2 셈이나 숫자

셈이나 숫자

- 손으로 숫자 표현하는 것은 보편적.
- 문화마다 손가락으로 숫자를 세는 방법이 다르다.
- 주먹의 의미도 다르다.

손짓으로 숫자를 표현하는 것은 보편적이다. 그러나 여기에도 흥미로운 문화차이가 나타난다. 아래의 그림과 같이 문화에 따라 손가락으로 숫자를 세는 방법이나 주먹이 나타내는 숫자의 의미도 다르다.

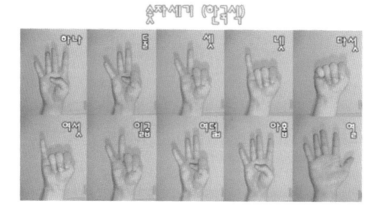

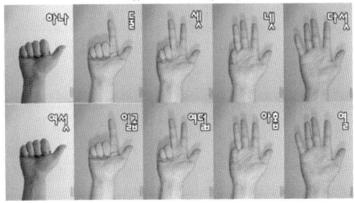

숫자세기(중국식)

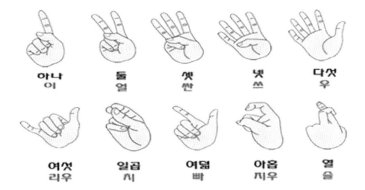

1.3 이중 구속(double bind)

> *** 이중 구속 (double bind)**
>
> 언어적 요소와 비언어적 요소가 다른 의미를 불러일으켜 혼돈을
> 가져오는 상황
>
> Ex) 거부하는 손짓 + 초대
>   언짢은 얼굴 + 잘 지내라는 인사
>   퉁명스러운 목소리 + 찬성

이중구속이란 언어적 요소와 비언어적 요소가 다른 의미를 불러 일으켜 혼돈을 가져오는 상황이다. 대부분의 신호는 발화와 동반되 고 독자적으로 의사소통이 되지 않는다. 이 때문에 의미가 애매해지 는 경우가 생기게 된다. 예를 들면 거부하는 손짓으로 초대하거나 언짢은 얼굴로 '잘 지내'라고 말하는 것, 또는 퉁명스러운 목소리로 찬성하는 것과 같은 것들이 있다.

2. 몸동작

> *** 몸동작**
>
> **▶ 몸의 자세 등 전체적인 모습과 관련**
>   관련 영상 : 에이미 커디의 실험
>   2분간 '힘있는 자세'를 취한 집단과 '힘없는 자세'를 취한 집단의 호
>   르몬 변화를 조사
>
> **결론:** '힘있는 자세' 집단의 테스토스테론이 20% 증가
>   '힘없는 자세' 집단의 테스토스테론이 10% 감소
>
>   = 행동변화 -> 심리상태의 변화

태도는 몸의 자세와 관련된 전체적인 모습과 관련되어 있다. 이는 자연스러운 것으로 보편적이고 신뢰할 수 있다. 이를 통해 상대방에게 메시지를 전달할 수도 있고 대화 참여 여부도 알 수 있다.

3. 얼굴표정 짓기

----

* 얼굴표정 짓기

- 사람의 감정이 반영
- 대화 상대자에 대한 입장 표현
- 얼굴표정이 나타내는 메시지는 보편적
  but 이상적으로 간주되는 표정은 문화마다 다르다.

ex) 일본　　　공적-포커페이스 선호
　　　　　　　사적-무미건조한 미소

대화는 주로 상대방의 얼굴을 보면서 이루어진다. 따라서 대화 시에 얼굴표정에는 말하는 사람의 감정이 반영될 뿐만 아니라 대화 상대자에 대한 입장도 표현된다. 얼굴표정이 나타내는 메시지는 보편적이지만 상호 문화적으로 이상형으로 간주되는 표정들이 다를 수

있다. 일본사람들은 공적으로는 포커페이스를 선호하지만, 사적으로
는 무미건조한 미소를 선호한다. 아래의 그림을 보고 얼굴 표정에는
어떤 형태가 가능하고 거기서 우리가 읽어 낼 수 있는 메시지는 무
엇인지 알아보자.

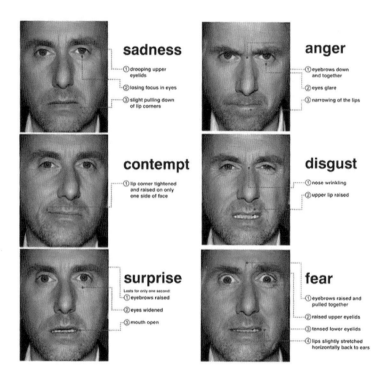

3.1 시선

＊ 시선

- 눈으로 나타내는 표현
- 상급자 짧게, 낯선 사람과는 시선을 피하는 경향
- 시선교환의 빈도 지속시간, 강도 등은 문화적 차이가 드러나기도 함

시선은 눈으로 나타내는 표현으로 다양한 감정과 메시지를 상대방에게 전달할 수 있다. 보통 상급자와는 시선을 짧게, 낯선 사람과는 되도록 시선을 피하고자 하는 보편적인 경향이 있지만 문화권마다 다른 차이가 존재하기도 한다. 특히 의사소통에서는 시선교환의 빈도나 지속시간, 강도 등은 대화의 교대에 있어 중요한데, 이런 점에서 문화적 차이가 드러나기도 한다. 어떤 문화권에서는 대화 시 눈보다 오히려 목을 쳐다보기도 한다.

4. 신체접촉

신체적 접촉도 의사소통에 포함하여 생각해볼 수 있다. 이 점에 있어서도 상호 문화간에 차이점들이 존재하는데 Barnlund(1975)의 연구가 이를 잘 보여준다. 이 연구는 일본과 미국의 두 문화권에서 의사소통 시 사용되는 신체적 접촉 부위가 어디인가를 보여줌으로써 접촉에 대한 문화적 차이를 찾을 수 있다.

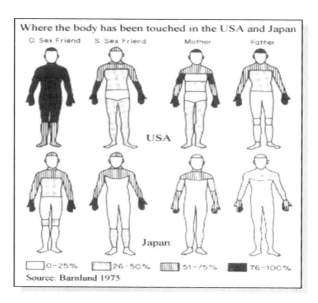

Barnlund(1975)

5. 공간기호학(Proxemics)

* 공간기호학(Proxemics)
- 사람들이 편안함을 느낄 수 있는 거리감
- 대화 시 신체상의 거리가 상대자와의 관계에 대한 거리
- 문화권에 따라 공간 분할의 의미가 다름.

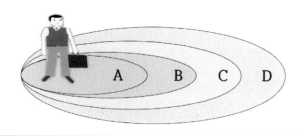

미국의 인류학자 에드워드 홀의 '프락시믹스'(Proxemics)는 공간과 거리의 의사소통적 활용을 다루는 학문이다. 이는 '공간의 근접학' 또는 '공간기호학' 이라고도 한다. 사람은 위험으로부터 자신을 보호하거나 타인으로부터 사생활을 지키기 위해 일정한 거리를 필요로 하는데 이와 관련된 공간을 위의 그림과 같이 4단계로 나누어 설명하고 있다.

개인과 가장 가까운 공간을 '친밀한 공간(intimate space)'이라하고 이는 개인으로부터 0~46cm 이내의 거리이다. 본인과 정서적으로 가까운 이들과 위안과 접촉을 위한 공간으로 위의 그림의 A에 해당하는 공간이다. 그 다음공간은 '개인적 공간(personal space)'으로 개인으로부터 46~120cm의 공간이다. 대부분의 대화 상대자들이 선호하는 거리이다. 개인적 관심사 정도의 주제도 허용되며 토닥이는 정도의 접촉도 가능한 공간이다. 위협당하지 않을 만큼 충분한 공간인 동시에 진솔한 응답을 이끌어 낼 정도의 거리에 해당한다. 세 번째는 '공적인 공간(social space)'으로 그림 C에 해당하며 개인으로부터 1.2~3.6m 떨어진 거리이다. 함께 일하거나 사회적 모임에서의 거리를 말한다. 예를 들면 소비자와 판매원의 거리가 이에 해당하며 이보다 더 가까우면 불편함을 느낀다. 마지막으로 개인으로부터 3.6m 이상의 거리에 해당하는 공간으로 '공적인 공간(public space)'은 그림의 D부분에 해당한다. 지도자나 관리자들이 함께 일하는 집단을 대할 때 보편적으로 사용하는 거리이다. 마이크를 사용하는 공공 연설도 이에 해당된다. 이때 얼굴표정, 움직임, 몸동작이 의미 있기 위해서는 과장해야하는 거리다.

공간기호학에서 사람들이 편안함을 느낄 수 있는 거리감은 다르게 나타난다. 예를 들어 도시에서 가까운 거리에 익숙한 사람과 지방에서 넓은 공간에 익숙한 사람들은 서로 다른 거리감을 가질 수 있다. 또한 문화적 차이가 존재하는데 문화권에 따라 공간 분할의 의미가 다르다. 대화를 할 때 대화 상대자의 신체상의 거리가 대화 상대자와의 관계에 대한 거리를 보여준다. 여기에서도 예를 들어 아랍이나 남아메리카 사람들은 유럽 사람들 보다 더 가깝게 자리하고 미국인들의 space는 아시아인들보다 넓다. 또한 문화마다 수업 좌석 배치도 다르다. 아래의 두 가지 형태의 좌석 배치도를 보면 서구 사회에서 강의 배치는 원형으로 둘러앉아서 서로 마주보는 형태가 많다. 교사도 앉아서 돌아가면서 의견을 나누는 방식에 맞는 형태이다. 아시아권 사회에서는 발표 형식으로 교사가 플랫폼에 서서 강의를 전달하고 나머지 학생들은 앉아서 듣는 형태에 적합하도록 수업좌석이 배치된다.

원형좌석 배치

플랫폼 좌석 배치

6. 침묵

Saville-Troike는 이집트와 그리스 사이의 군사적 긴장감의 시대를 예로 들고 있다. 이집트 파일럿은 Cyprus에 있는 공군 기지에 그들

이 착륙하겠다는 의도를 무선으로 보냈고 그리스 항공 교통 관제사
는 계속적으로 침묵으로 응답하였다. 그리스는 침묵함으로써 착륙을
허가하지 않겠다는 표시를 나타낸 것이었지만 이집트는 침묵을 승
인으로 해석했다 이 경우 오해의 결과로 그리스가 활주로에 접근하
는 이집트 비행기에 총격을 가하여 수많은 사상자를 냈다.

Saville-Troike(1985) gives the following example of a period of
military tension between Egypt and Greece: Egyptian pilots
radioed their intention to land at an airbase on Cyprus and the
Greek traffic controllers reportedly responded with silence. The
Greeks intended thereby to indicate refusal of permission to land,
but the Egyptians interpreted silence as a assent. The result of the
misunderstanding in this case was the loss of a number of lives
when Greeks fired on the planes as they approached the runway.

강의 이해하기

1. 시선, 제스처 등과 같은 요소들을 이용해서 나타낼 수 있는 의미들이 있다. 이런 의미가 가질 수 있는 형태는 어떤 것들이 있으며 한국 사회에서 의미를 가지는 동작을 찾아보시오.

   손동작 :
   얼굴표정
   시선
   태도

2. double bind는 어떻게 모순적인 메시지가 생길 수 있는지 보여준다.
   세 가지 예를 들어보시오.

3. 다음의 손짓이 일본에서 의미하는 바는 무엇인가?

4. 공간 기호학이 문화마다 다르다는 사례에 대해서 생각해보자.
   한국의 전통적인 수업 교실 배치는 어떠한가? 교실에서 학생들은 어떤 모양으로 자리 배치를 하는가?

읽고 논하기

토론주제

- 독일과 스위스인: 그 사람은 악수를 상당히 강하게 하였다. 그리고 내 눈을 똑바로 보았다. 그는 매우 정직하고 솔직해 보인다.
- 프랑스 남녀, 이태리안: 아야! 이 사람 내 손을 너무 세게 쥐어서 뼈가 부러지는 줄 알았다. 이런 사람은 통상 공격적이고 저돌적이다. 내 첫인상은 비호감이다.
- 영국인: 이런! 정말 따분한 친구로군

▶ 어떤 비언어적 요소를 다루고 있는가?
  또 어떤 문화적 해석적 문제점을 보여주고 있는가?

토론주제

처음 학생으로 영국에 왔을 때, 인간적 교류가 없음을 보고서 충격을 받았다. 나는 Guilford의 한 가게에서 시간제 아르바이트를 하였다. 어느 날, 여성매니저한테 어떤 여자가 찾아왔다. 그 뒤, 매니저는 그녀가 자기 이모라고 말했다. 나는 믿을 수가 없었다. 껴안지도 않고, 키스도 그 무엇도 하지 않았다. 내 고국에서는 신체 접촉이 많다. 어릴 때는 무릎에서 무릎으로 건네진다. 소년 때는 흔히 사촌이나 친척 애들을 업고 돌아다닌다. 아랍 아이들의 볼에 붉은 자국이 있는 경우를 볼 수 있는데, 그게 다 키스 자국이다. 태어나는 그 순간부터, 말로도 신체적으로도 자신의 감정을 표현하라는 가르침을 받는다. 어른이 되어도 마찬가지이다. 한동안 못보고 지냈던 사람을 만나면, 남자끼리라도 키스를 한다. 영국에서 대학 1년 동안, 나와 아랍 친구들은 영국인들을 놀라게 하는 게 작은 즐거움이었다.우리는 그들의 반응을 보기 위해 서로의 양 볼에 키스를 하곤 하였다. 농담 효과가 사라지기까지는 시간이 좀 걸렸다. 수년간 영국에서 지내다가 요르단을 방문하게 되었다. 내 남자 사촌 한 명과 길을 걷고 있었는데, 그가 내 손을 잡았다. 반사적으로 나는 즉각 내 손을 뺐다. 그 전까지는 내가 얼마나 영국식이 되어버렸나를 알지 못했었다. 몇 분이 지나서 내가 지금 고국에 와있고, 또 남자들이 손을 잡는 것은 완전히 정상적이라는 것을 기억해냈다. 나는 사촌의 손을 다시 잡았다. 양쪽 문화에 익숙해지는 법을 터득하는 첫 번째 교훈이었다.

▶ 어떤 비언어적 요소를 다루고 있는가?

또 어떤 문화적 해석적 문제점을 보여주고 있는가?

* 연애전문가에게 듣는 비호감 신호

Q. 당신은 지금 소개팅 중입니다. 전문가들은 상대방의 행동을 잘 관찰 하는 것으로 나에게 관심이 있는지 없는지 알 수 있다는데 '나에 대한 호감도'를 확인할 수 있을까요?

  a. 상대가 팔짱을 끼고 대화한다.
  b. 상대 여성이 음식을 편하게 먹는다.
  c. 시선을 잘 마주치지 않는다.
  d. 질문을 자꾸 한다.

인류학자 에드워드 홀은 인간이 상호작용에 미치는 영향을 연구해 '근접학'을 만들어 냈다. 요약하면 사람 사이에는 4가지 단계의 공간이 존재하는데, 불편한 사람과 있을수록 멀어지고 싶어 하는 경향이 있다는 것이다. 소개팅 할 때 의자에 몸을 파묻고, 팔짱을 낀다는 것은 상대와 최대한 멀리 떨어지고 싶다는 뜻이다. 마음에 드는 여자와 함께 있는 남자가 여자 쪽으로 몸을 기울이고 거리감을 좁히려고 하듯, 싫은 남자와 함께 있는 여자는 남자와 거리를 두려고 한다.

마치 동성 친구와 함께 있듯 음식을 편하게 먹는다면 이는 호감일까 아닐까? 남자들은 오히려 잘 먹는 그녀의 모습에 호감을 느낄 수 있지만, 이는 비호감의 표현일 가능성이 크다. 여성이 남성을 완전히 리드하는 스타일이 아니라면, 보통은 관심 있는 남자에게는 예쁜 모습을 보이고 싶어 하는 것이 일반적인 심리다.

'더 파워 오브 보디 랭귀지(The power of body language)'의 저자 토니야 레이맨은 "사람은 좋아하는 사람과는 눈을 잘 마주치지만, 싫어하는 사람과는 눈을 잘 마주치지 않는다"고 했다. 이는 남녀 모두에게 해당하는 현상으로 아이 콘택트가 잘 안 된다는 것은 호감이 없다는 결정적인 증거다.

또한 관심이 없으면 궁금한 것도 없다. 즉 상대가 나에 대해 질문을 한다면 이는 나를 알고 싶다는 뜻이므로 긍정적인 현상으로 보면 된다. 상대가 질문하면 '예·아니오' 식의 단답식보다는 성의 있게 답을 하고 상대에게 되묻는 자세가 중요하다. 똑똑한 남자는 답을 잘하고, 현명한 남자는 질문을 잘하는 법이다.

1. 이탈리아

맛있다

지금 듣고 있는 말을 믿을 수 없다

신경 안 쓴다

2. 프랑스

누워서 떡 먹기

당신을 믿지 않는다

제2장 준언어적 의사소통

> - 언어적 발화는 준 언어적 요소들을 통해 조정
> - 운율, 억양, 음색, 템포, 리듬, 악센트, 강도, 음성의 높이, 음량 등
> - 탑재 현상 (piggyback) : 항상 언어적 요소와 접목

언어적 발화는 준 언어적인 요소들을 통해 조정된다. 준 언어적 요소라 함은 운율, 억양, 음색, 템포, 리듬, 악센트, 강도, 음성의 높이, 음량 등을 말한다. 즉, 이러한 요소들은 우리 의사소통에 영향을 끼치는 것으로 운율적인 요소를 뜻한다. 이러한 준 언어적인 요소는 독립적이지 않고 항상 언어적 발화와 접목되는데 우리는 이를 탑재 (piggyback) 현상이라고 한다.

언어적 요소와 준 언어적 요소의 차이는 분절화와 비분절화이다. 비분절화의 한 예를 미국 카툰에서 찾아보자. 애니메이션에서 어른들의 말은 비분절화 되는 경우를 종종 볼 수 있다. 이는 어른들의 말을 의미 없는 발성으로 만들려는 시도다. 스누피 만화에서 소리와 언어의 차이를 보여주는 장면들을 볼 수 있다. 분절화라는 개념으로 어떤 소리들은 구별되어 들린다. 어른들의 말은 의미 없는 발성으로 처리되고 아이들 대화만 나오게 하는 전략을 사용한다.

1. 운율적 요소

우리는 소리의 차이를 언어에 적용한다. 이런 운율적 요소를 준언

어적 요소로 부른다.

1.1 강세 (stress)

강세는 강조하기 위해 힘이 들어가고 그것이 음성학적으로 표현된다. 어떤 언어에서는 강세는 단어의 의미를 형성한다. 예를 들어 영어에서는 강세 위치가 달라짐으로써 의미가 바뀌고 품사가 달라진다. content라는 단어는 앞에 강세가 있을 때는 내용물이라는 명사로 해석되고 뒤에 강세가 있을 때는 '만족하는' 이라는 형용사로 해석된다. 이처럼 강세에 따라 품사가 달라지는 경우가 많다.

문장 강세는 의미에 영향을 끼칠 수 있다. 아래 대화를 생각해 보자.

화자 1: 서류 정리는 다했어?
화자 2: 응 *여기* 건 다 했어.

위의 대화에서 화자 2는 문장 강세를 사용하고 있다. 일반적으로 문장 강세가 없는 경우가 일상적인 대화인데 두 번째 화자의 경우는 '여기'라는 단어에 강세를 둠으로써 '다른 건 모르고 최소 여기 건 다했어' 라는 의미를 내포할 수 있다. 문어에는 이런 음성학적 요소가 드러나지 않는데 비해서 구어에서는 이런 음성학적 요소를 이용해서 의미를 전달할 수 있다.

1.2 길이

한국어에서 나타나는 음성학적 요소로 어휘의 장단에 따라 의미

차이를 가져온다.

> 눈 (장: snow) 눈 (단: eye)
> 말 (장: word) 말 (단: horse)

1.3 성조

중국어에서 소리의 높낮이는 다른 의미를 만든다. 주로 4개의 성조에 따라 같은 말이라도 다른 의미를 지닌다. 동남아 언어에서 주로 나타나는 음성학적 요소로 중국어에서 4성조, 베트남어의 6성조를 예로 들 수 있다.

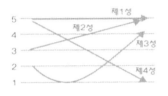

중국어 4성

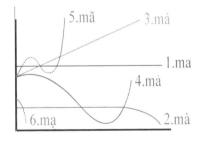

1성 : 명사 - 혼령
2성 : 부사 - 그러나
3성 : 명사 - 어머니
4성 : 명사 - 무덤
5성 : 명사 - 모양
6성 : 명사 – 모(벼의 어린 싹)

베트남어 6성

1.4 휴지부 (turns pause)

> *** 휴지부 (turns pause)**
> - 의사소통에서 짧은 순간의 침묵
> - type1 : 대화교체 시 다소 긴 휴지부
> - type2 : 말 도중 매우 짧은 휴지부 '음', '어'

휴지부란 의사소통에서 짧은 순간의 침묵을 말하며 대화과정에서 두 종류의 휴지부가 있다. 첫 번째는 대화교체(turn-taking)에 있어서의 다소 긴 휴지부를 가리키는 경우로 휴지부는 톤이나 다른 비 언어적 요소들인 시선 혹은 억양 등의 요소로 더 확실하게 구분될 수 있다. 두 번째로 말 도중의 매우 짧은 종류의 휴지부이다. 단어들 사이를 분할하는 아주 작은 휴지부로 숨을 돌리기 위한 짧은 휴지부로 '어', '음' 등으로 채워진다.

이런 휴지부는 문화간 다를 수 있다. 어떤 문화에서는 휴지부의 길이가 짧을 수 있고 다른 문화에서는 길 수가 있다. 한국의 경우 양반들이 주로 휴지부를 길게 가졌다. 십대들의 대화에서는 휴지부가 짧을 수 있다. 다른 문화간 대화에서도 차이를 찾을 수 있다. 따라서 이 휴지부의 길이는 문화적으로 오해를 불러 일으킬 수 있다.

1.5 억양 (intonation)

억양은 강세와 다르게 좀 더 긴 범위인 문장에 있어서 일어나고 강약의 구분과 다르게 소리의 높고 낮음을 가리키는 음성학적 요소이다. 이런 억양은 가장 기본적으로 문장의 세 가지 형태를 결정한

다. 평서문, 의문문, 명령문과 같은 의미를 보여준다. 한국어에 있어
서 문장의 억양에 따라 끝을 내릴 경우 평서문, 올리는 경우 질문이
될 수 있고, 올렸다 내리면 명령문으로 사용될 수 있다. 억양이 기본
적으로 3가지의 문장형태에 따라 달라지는 것을 볼 수 있다. 예를
들어 '가'라는 말을 아래의 3가지 문장의 형태로 읽어보자.

> 의문문: 상승 ↗
> 평서문: 하강 ↘
> 명령문: 상승하다가 하강 ↗ ↘

톤 (~한 목소리로)?

의도를 엿보이게 하는 음성학적 요소로 해석적인 것과 결부된 특
징을 가리키고 있다. 평가나 인상과 연상되는 특징이 있다.

호응 (feedback)

이는 청자의 반응으로 리액션의 역할에 대한 것이다. 미국의 학자
들은 미국의 흑인과 백인 사이에 피드백-신호가 부분적으로 차이가
난다는 사실을 밝혀냈고 이것으로 인한 오해가 생긴다는 것 또한 알
아냈다. 백인 공무원은 흑인 고객의 이해했다는 신호를 알아채지 못

하고 두 번씩 말하고, 흑인 고객은 아이 취급을 받았다고 느끼기 때문에 거절로 반응하게 된다.

2. 음성학적 특성과 해석적 특성

소리의 특징들은 음성학적으로 다른 형태를 지닌다. 이런 소리의 특징이 우리의 대화에 들어와서는 특정 이미지와 연결되는 경우가 있다. 예를 들어 한 문장을 말할 때 음성학적 요소들을 다르게 할 수 있다.

소리의 속도　빠르게; 느리게; 천천히
소리의 크기　작게; 크게;
소리의 높낮이 고음으로; 저음으로

이런 특징들이 대화에서는 해석적인 특징과 연결 될 수 있다. 예를 들어 느리게 말하는 사람은 성격이 느긋하다 음험하다.

음성학적 특징	해석적 특징
저음으로	속을 알 수 없다
빠르게	급하다
고음으로	예민하다

해석적 특성은 문화마다 다를 수 있다. 예를 들어 말의 속도가 느린 것에 대해 긍정적으로 생각하는 문화가 있을 수도 있고 부정적으로 생각하는 경우가 있다.

언어학자 Gumperz는 언어적 요소 뿐 아니라 비언어적 혹은 준언어적 요소들의 영향에 대해 논했다. 실제 말한 것 외에 어떤 식으로 말하느냐에 따라 다른 해석이 나올 수 있고 중요한 역할을 한다고 보았다.

토론주제

최근에 나는 덴마크의 한 가구점에서 어떤 것을 사고, 계산대에서 수표로 계산을 하려고 했다. 지갑을 열었을 때 나는 "오 맙소사, 지금 내가 수표를 갖고 있지 않아!"라는 것을 확인했다. 그러자 지금까지 친절하게 나를 고객 서비스했던 덴마크 점원이 "네네"라고 만 말했다. 하지만 그는 그 말을 하강하는 악센트로 아주 이상하게 했다. 마치 그가 이렇게 말하고 싶어하는 것 같았다. "그래 그래, 일단 비싼 물건을 고르기는 했는데, 막상 돈을 내려고 하니 그런다는 걸 나는 이미 알고 있어…" 내가 다소 당황하게 된 것은 놀랄 일이 아니다. "정말 유감입니다. 어제는 제 지갑에 수표가 있었는데 말입니다. 하지만 제가 금방 집에 가서 수표를 갖고 곧 다시 오겠습니다" 라고 내 상황을 해명하려고 했다. 다시금 똑 같은 "네네"라고 했다. 마치 어차피 내가 다시 오지 않을 거라는 것처럼. 나는 이제 심기가 불편해졌다. 내가 못 믿을 고객으로 보이고 싶겠는가? 그 점원은 그렇게 불손한 행동을 함으로써 무엇을 얻고자 하는 것인가?

▶ 어떤 준 언어적 요소에 대한 예시인가?
  덴마크 점원의 말투의 어떤 점이 불쾌하게 들렸는가?

토론주제

K는 종종 자신의 사업상 동료인 러시아인 T와의 통화를 해야 한다. T는 독일어를 매우 잘하지만 그럼에도 불구하고 K에게 T와의 전화통화는 고통이다. 그는 T가 단조롭게 끊임 없이 말하고 끝이 없다고 말한다. K가 대화를 하려고 시작하는 것은 매번 좌절된다. 그리고 그가 마침내 끼어들어 말하려고 할 때면 그가 자신의 동료인 T의 감정을 상하게 한 건 아닌지 자신이 없다. 이렇게 지속된다면 결국 K는 사업상 좋은 관계가 이루어질 수 없다고 생각한다.

▶ 어떤 준 언어적 요소에 대한 예시인가?
  K가 러시아인 T의 통화에서 걱정하는 것은 무엇 때문인가?

런던 히드로 공항 고위 당직자들을 위한 셀프 서비스 음식점에서 일하는 파키스탄 여종업원은 어떤 요리에 대해서 손님들이 소스를 더 원하는지 어떤지 물어보아야 한다. 이를 위해서 그녀는 아주 간단히 "소스"라고 만 말한다. 고객들 중 몇몇은 잠시 후에 -아시아 이주자들의 전형인 - 그녀에 대해 아주 불친절하다고 불평한다. 그녀에게 불평은 계속 전달된다. 그녀는 세상을 이해하지 못한다. 그녀는 다른 모든 사람들과 마찬가지로 자신의 의무를 행한다. 그녀는 자신의 행동의 어떤 점이 불친절하다는 것인지 알지 못한다. 그녀는 자신의 행동을 바꾸지 않는다. 또 그녀는 여느 때와 같은 방법으로 손님들이 음식에 소스를 더 원하는지를 묻는다. 다시 불평이 나온다. 노조가 개입한다.. 그 결과는 긴장감이 감도는 노동환경이다

▶ 어떤 준 언어적 요소에 대한 예시인가?
  동남아시아 이주민들의 영어에서 운율적 요소는 무엇인가?

Walther씨가 자신의 회사일로 헬싱키로 여행을 갔을 때, 그는 철저히 준비되어 있었다. 그는 핀란드 역사와 문화를 연구했고, 몇몇 핀란드어 미사여구를 말할 수 있었으며, 사우나를 할 생각에 들떠 있었다. 뿐만 아니라 대화 파트너는 독일어를 탁월하게 구사하는 사람이었다. 물론 Walther씨는 핀란드 동료들이 자기를 이해하는지 어떤지 항상 확실한 것은 아니었다. 그는 모든 것을 두 번씩 말해야만 했다. 매번 그가 아주 분명하고 명확하게 표현했다고 생각할 때마다 아무런 반응도 따르지 않았다. 핀란드 동료들의 코멘트는 전적으로 전문기술에 관한 것이었다. Walther씨는 그것을 이해할 수 없었다. 대부분의 시간 동안 자신이 혼자 말하는 것처럼 보이고, 그의 핀란드 동료들은 단지 그의 말을 경청할 뿐이었다. 어떻게 그렇게 계약이 성사될 수 있을까? 집에서는 결코 말을 많이 하는 사람으로 알려지지 않은 Walther씨는 그가 무엇을 잘못했는지 모르고 있다.

▶ 어떤 준 언어적 요소에 대한 예시인가?
  Walther씨가 핀란드 동료로부터 알고 싶은 건 무엇인가?
  여기서 두 문화간 어떤 측면에서 차이를 보인다고 생각하나?

토론주제: 톤(~한 목소리로)

나는 비교적 자주 이탈리아에 간다. 처음 이탈리아에 갔을 때 나는 시칠리아인 가정에 머물렀다. 그 집에서 나는 왜 그들이 끊임없이 고함을 지르는지 의아해했었다. 그리고 한참 후에 나는 내 친구와 같이 있게 되었다. 그 때 우리는 다시 그들이 고함을 지르는 걸 경험하게 되었다. 그들은 너무도 시끌벅적 했다. 우리는 항상 싸우는 소리를 들었다. 그러다가 우리가 그들이 얘기하는 것을 귀 기울여 듣고서야 비로소 그들이 아주 정상적으로 얘기를 나누고 있다는 것을 알 수 있었다. 하지만 목소리 크기와 억양에 있어서 우리에게는 마치 그들이 한 목소리로 싸우는 것 같이 들렸다.

▶ 예문에서 사용된 준 언어적 요소와 그것에 대한 해석 두 가지를 찾으시오.

Peers' research - 준언어적 요소의 예

사례 1

대전에서 부산으로 전학했을 때 두 지역의 억양, 속도차이 때문에 난감한 경우가 있었다. 예를 들어 다음의 문장들을 살펴보자

뭐라는겨? (대전: 느리고 여유로운 속도, 세지 않은 억양으로)
뭐라카노? (부산: 센 억양과 빠른 속도)

이러한 차이로 인해 부산에서 친절하게 다가온 친구들도 억양과 말투 때문에 경계했었던 기억이 난다.

사례 2

'톤'이란 의도를 엿보이게 하는 음성학적 요소로 일상생활에서 쉽게 찾아볼 수 있다. 수업시간에 선생님께서 시험에 출제할 부분을 큰 목소리로 설명하거나 TED와 같은 강연에서도 청자에게 신뢰와 확신을 주기위해 강연자는 확신에 찬 목소리로 강연한다. 또 홈쇼핑에서 쇼호스트의 목소리가 크고 높아진다면 그 제품은 정말 좋은 제품이라고 한 쇼호스트가 인터뷰에서 말한 바 있다.

사례 3

스페인어는 강세가 중요한 언어 중 하나로 강세 없이 'papa'라고 하면 '아빠'라는 뜻이지만 단어에 강세가 뒤에 있으면 '감자'라는 뜻이 된다. 'como'라는 단어도 강세가 없으면 '~처럼', 앞쪽에 강세가 있으면 'how'의 의미를 가진다.

사례 4

$2^2 \ 2^e \ e^2 \ e^e$

제3장 언어적 의사소통

　의사소통에서 비언어적, 준 언어적 요소들의 역할이 크지만 소통의 가장 많은 부분을 차지하는 것은 언어를 통해서이다. 이 장에서는 의사소통에 관여되는 언어적 요소에 대해서 살펴본다. 우선 대화의 특징에 대해 살펴보고 두 종류의 의미에 대해서 살펴본다.

1. 대화하기

◆ **독백 (monologue)**
　　: 한 사람의 화자가 상대방 없이 혼자 말하는 것

◆ **대화 (dialogue)**
　- 둘 이상의 화자로 구성되는 상호적 의사소통
　- 주로 짧게 끝남
　- 자주 화자 간의 교체가 이루어짐

　주로 소통에서 가장 흔한 형태가 대화이다. 대화는 두 화자 간의 대체적으로 짧게 주고받는 종류의 말을 가리킨다. 대화 분석가들에 따르면 이런 대화에는 몇 가지 규칙적인 특징이 있다고 한다. 대화의 특징을 알아보기 위해 독백과의 차이를 먼저 알아보자. 대화와 독백의 차이는 화자의 수와 관련이 있다. 한 사람의 화자가 상대방 없이 혼자 말하는 것이 독백(monologue)이라면 대화(dialogue)는 둘 이상의 화자로 구성되는 상호적 의사소통이다. 대화는 한 사람이 계속 이야기해서는 대화라고 말하기 어렵다. 대화에서는 이야기가 주로 짧게 끝나고 자주 화자 간의 교체가 이루어진다.

1.1 불편한 대화

우리가 나누는 대화에는 어떤 특징들이 있는가? 우리는 아무렇게나 대화하는 것처럼 여기지만 여기에 어떠한 규칙이 존재하고 우리가 그것을 따르고 있다는 것을 이 장에서 알게 될 것이다. 이러한 규칙이 깨지는 경우, 우리는 대화가 이상하다는 생각을 하게 된다. 일상대화에서 인식하기는 어렵지만 우리가 대화에서 가지게 되는 기대치는 곧 규칙을 의미한다. 우리는 종종 아래에 나오는 각각의 경우에 대해서 다음과 같은 말을 한다.

● 상대방이 자꾸 끼어 드는 경우
  끼어들지 마.
  내가 말하고 있잖아.

● 상대방이 발언권을 독점하는 경우
  나 좀 말하자.

● 동시에 말하는 경우
  네가 먼저 말해.

1.2 대화에 대한 우리의 기대치

대화 안에서 부딪히는 이런 경험들은 대화할 때 우리가 서로에게 어떤 기대치가 있음을 보여준다. 대화할 때 가질 수 있는 기대치가 무엇인지 살펴보자.

1) 대화는 두 사람 이상의 화자가 포함된다.

   드라마에서 한 사람만 등장하는 전화통화 장면을 생각해 보자. 화면 속 한 명의 등장인물이 상대방이 하는 말을 반복 되풀이하여 두 사람의 대화 상황을 알려준다. 물론 이런 장면은 실제 상황과 차이는 있다 할지라도 대화는 한 사람이 하는 것이 아니라 두 사람 이상의 화자가 필요하다.

2) 대화는 두 화자 사이의 빈번한 그리고 적절한 교체로 이루어지는데 두 사람 이상이 대화를 나눌 때 나타나는 몇 가지 특징들이 있다. 우선 한 사람이 계속해서 이야기하는 것은 대화라고 말하기 어렵다. 주로 한 사람의 이야기가 짧게 끝나고 자주 화자 간의 교체가 이루어진다.

3) 두 화자 간에 자동적으로 익숙하고, 항상 잘 붙어 다니는 형태의 대화가 있다.

1.3 대화의 구성요소

이제 대화와 관련된 좀 더 분석적인 용어를 살펴보자. 언어학 이론 가운데 대화 분석가들은 일상 대화의 여러 가지 요소들을 밝혀내고 이런 요소들의 사용과 규칙들을 찾아냈다.

① 교대/턴(turn)

> ▶ **교대 (turn)**
>
> - 화자 교체 (대화 분석의 기본 단위)
> - 한 사람이 한 번씩 말한다.
> - 화자 교체의 실패: 끼어들기, 말 자르기

가장 기본적인 요소는 대화 교체(턴)로 두 화자간의 교환으로 이루어진다. 즉, 두 사람이 동시에 말하지 않고 한 사람이 한 번씩 말한다는 것이다. 우리는 기다렸다가 자신의 차례가 되면 말하게 된다. '그는 항상 남의 말을 자른다' 와 같은 표현처럼 화자 교체가 제대로 이루어지지 않는 경우 끼어들기나 말 자르기와 같은 현상이 나타난다.

② 추이적정지점(transition relevant places-TRPs)

> ▶ **추이적정지점 (transition relevant places—TRPs)**
>
> - 화자 교체가 일어나는 지점 :말이 끝나가는 시점
> - 문장 단락, 구 단락, 의미론적 기준 등
> - 특징 : 목소리와 억양, 제스처(시선 중단), 관습적

추이적정지점이란 대화 교체가 이루어질 때 첫 화자의 말이 끝나고, 다음 화자가 말을 시작하는 지점을 가리키는 용어이다. 이 지점에서 자연스럽게 화자의 교체가 일어나는데 현 화자의 말이 끝나가는 무렵 어떤 특징들이 나타난다. 예를 들어 질문을 하는 경우는 화자가 다음 화자로 넘기는 신호로 대화의 교체가 일어날 것을 예상할

수 있다. 이외에 문장 단락, 구 단락, 의미론적 기준 등이 전통적인 추이적정지점이라 할 수 있겠다. 또한 목소리와 억양으로, 시선을 마주치는 것을 중단하는 등의 제스처나 표정으로, 또는 관습적으로도 드러난다.

③ 휴지부(pause)

> ▶ **휴지부 (pause)**
> - 대화 교체 시 아주 짧은 시간의 말 없음
> - 지속 길이, 시작 순간, 휴지부의 이해는 문화적으로 다름
> - 짧은 휴지부 : 빠르게 응답하는 경우
>   긴 휴지부 : 천천히 상대방의 말에 반응하는 경우

두 화자간의 교체가 이루어질 때 아주 짧은 시간의 말 없음이 나타나는데 이것을 휴지부라 한다. 화자들은 거의 인식하지 못하지만 휴지부의 지속 길이나 시작 순간, 휴지부의 이해 등은 문화적으로 상이하여 오해를 불러일으킬 수 있다. 어떤 문화권에서는 짧은 휴지부가 선호되고 다른 문화권에서는 긴 휴지부가 선호된다. 천천히 상대방의 말에 반응하는 경우 휴지부가 길다고 할 수 있고 빠르게 응답하는 경우는 휴지부가 짧다고 말한다. 이런 시간의 길이는 대화가 편하게 느껴지게 만들기도 하고 불편하게 만들기도 한다. 휴지부가 너무 짧은 경우는 사람들은 자신의 말이 잘려 나가는 기분을 받기도 하고 너무 늦게 반응하는 경우는 상대방이 자신의 말에 흥미가 없어 보일 수도 있기 때문이다.

휴지부와 침묵은 말이 없다는 점에서 비슷하지만 휴지부와 침묵

은 다르다. 휴지부는 기계적이고 순간적으로 이루어지는 반면 침묵은 말을 하지 않음으로서 메시지를 전달할 수 있다. 예를 들어 말을 하지 않음으로서 화가 났음을 전달하거나 더 이상 상대방과 말하고 싶지 않다는 의사 등을 침묵을 통해 나타낼 수 있다.

④ 인접쌍(adjacency pair)

대화는 아주 짧고 빠르게 교환되는 특징이 있다. 모든 대화에서 우리는 깊은 의미를 전달하는 것은 아니며 어떤 종류의 말들은 의미보다 반드시 상대방의 응답을 필요로 한다. 이런 종류의 말들은 쌍으로 붙어 다니는데 이를 인접쌍이라 한다. 이는 아래의 예문처럼 쌍으로 이루어져있어 상대방의 특정한 응답을 기대하도록 길들여져 있는 종류의 대화이다.

미안 - 괜찮아
고마워요 - 별 말씀을요
안녕 - 안녕

위와 같은 인접쌍의 대화에서 응답이 제대로 이루어지지 않을 경우 어색함을 느낀다. 친구에게 인사했는데 상대방이 그냥 지나칠 경우를 생각해보라. 이러한 대화는 보다 정형화 되어 있고 규칙적이다. 따라서 우리는 이러한 몇 가지 구조의 대화를 도식화 할 수 있다.

[대화의 도식화]

· 매끄러운 turn 교대

A _____   _____
B   _____
C

· 동시에 말하기

A _____
B   _____
C

· 동시에 시작하기

A _____   _____
B   _____
C _____

1.4 미국에서의 대화 교체 메커니즘

(Mechanisms for turn-taking in American practice 1974:700-701)

· 화자 교체는 되풀이된다.
· 대부분의 경우, 한 번에 한 화자가 말한다.
· 한 번에 한 사람 이상의 화자가 발생하는 것은 흔하지만, 간략하다.
· 틈이나 겹침 없이, 또는 약간의 틈이나 겹침과 함께 일어나는 대화교체가 다수이다.
· 대화 교체 규정을 따른다.
예를 들어 현 화자가 선택하는 경우, 화자 A가 턴을 허용하고,

추이적정지점에서 B에게 신호로 알리거나 현 화자가 계속 말할 수도 있다.

1.5 청자의 반응

대화는 두 화자 간의 사회적 활동이기에 어떤 반응을 보여주는가 하는 것도 중요한 대화적 요소이다. 상대방의 말에 반응하는 방법으로는 고개를 끄덕이거나 짧은 표현 '아' 또는 '정말'과 같은 말로 상대방이 계속 말을 해 나갈 수 있도록 도와줄 수 있다. 대화 시에 청자의 반응에도 문화적 차이가 드러난다. 아시아인과 미국인들의 대화 방식에 관한 연구에 따르면 미국인들은 아시아인을 '조용한 아시아인'이라고 부른다. 이는 아시아인들의 경우 조용히 경청하는 것이 상대방을 존중한다고 믿고 있는 반면, 미국인들은 상대방의 반응이 없다면 상대방이 내 말을 듣고 있는 건지 알 수 없어 의아해 할 수도 있기 때문이다. 이런 문화적 가치와 차이는 이해가 필요한 부분이다.

2. 메타 메시지: 화행

2.1 대화 속의 의미 1 : 메타 메시지

"말하는 게 상대방에게 언제나 전해지는 것은 아니다"

의사소통에서의 의미

  의미 1 : 주어진 메시지 그대로 의미를 전달
  의미 2 : 주어진 메시지와 다른 의미를 주고 받는 단계
        => 메타 메시지

어느 음악 프로에서 이런 멘트를 한다. '*말하는 게 상대방에게 언제나 전해 지는 것은 아니다.*'라고. 이 멘트는 언어 철학자들이 우리 대화에 있어서 의미의 문제를 다루면서 제시한 것과 유사하다. 의미란 화자와 청자 사이에서도 달라지고 문장과 그에 연결되는 의미와도 달라진다.

Gregory Bateson은 우리가 의사소통에서 주고받는 의미는 두 가지로 나뉘어진다고 보았다. 하나는 주어진 메시지대로 의미를 전달하는 단계와 주어진 메시지와 다른 의미를 주고 받는 단계로 나누었다. 후자의 단계에서의 주고 받는 의미를 메타 메시지로 칭한다.

메타 메시지는 언어행동 혹은 화행으로 칭한다. 청자의 관점에서 주어진 말은 주로 어떤 종류의 의도로 파악된다.

　　화자: 나 화 안 났어. (입을 다물고 굳은 표정으로)

언어 철학자들이 지적하는 것은 우리 실제 의사소통에서 의미와 언어가 일치하지 않는 현상에 대해 주목했다. 우리가 주고받는 의미는 언어 자체보다 상황, 제스처, 톤과 같은 요소들로 통합적으로 얻게 되는데 이를 메타 메시지로 칭한다.

2.2 화행 이론

'일상적 언어 철학자'라는 이름 아래서 오스틴과 썰이 언급되고 있다. 이들은 대화 안에서 주고 받는 말은 몇 가지 다른 식의 의미가 있다고 밝혔다.

오스틴은 우리가 하는 말에 세 가지 다른 종류의 의미가 있다는 것을 지적

1) 화자가 한 말 (발화)
2) 그 발화로 화자가 의도하는 것 (화행)
3) 청자가 받아들이는 의미

이 중에서 두 번째에 해당되는 화행이 화자가 의도하는 종류의 의미를 가리킨다. 의미에 있어서 단순한 전제는 우리는 우리가 말한 대로 의미한다는 생각이다. 보통 의미는 두 단계로 나누어 진다. 우리는 우리가 말한 대로 의미하는 경우가 기본 메시지이고 실제 의사소통에서는 많은 경우 기본 메시지보다 메타 메시지로 의미한다.

우리가 사용하는 문장을 이 화행 이론에서는 어떤 종류의 말인지 '하다'를 이용해서 행동으로 말을 함으로써 의도하는 바의 수많은 문장들을 최소화 하려는 이론이다. 우리는 수많은 말들을 하지만 그 말들은 우리가 어떤 의도로 말하는지로 묶어낼 수 있다.

썰(Searle)은 좀 더 체계적으로 화행을 설명하고 있다. 우리가 화행을 하는 첫 번째 방법으로 수행문을 이용하는 방법이 있다. 우선 수행문은 화행의 언어적 요소로서 행위를 수반하는 문장이다. 이는 주로 행동을 표시하는 동사로 이루어지는데 가장 직접적으로 이런 의도가 들어가 있는 동사로 '약속하다', '요구하다', '경고하다', '명령하다' 등이 있다. 예를 들어 '내가 너에게 내가 내일 온다고 약속

한다'와 같은 문장에서 '약속한다'는 동사를 사용하여 의도를 정확하게 전달하고 있다.

하지만 실제 대화에서 수행문은 공식적인 자리가 아니면 실제 화자의 의도는 수행문보다 간접메시지로 전달된다. 사실 이러한 비수행적 발화가 일반적이다. 예로 '내일 올께'와 같은 문장은 약속을 나타내는 비수행적 발화로 간접화행이다.

자, 다음은 질문에 대한 응답으로 질문이 어떻게 해석되었는지를 보여주는 Searle의 유명한 예문이다. 번역문과 원문이 함께 실려 있다. 당신은 아래와 같은 말에 대해 어떻게 대답할 것인가?

  (1) 소금 좀 줄래?
      a. 응, 나는 할 수 있어.
      b. 물론, 여기 있어.

  (2) Can you pass me the salt?
      a. Yes, I can.
      b. Sure here it is.

  (3) 너 영어 할 줄 아니?
      a. 응, 나는 할 수 있어.
      b. 물론, 여기 있어.

  (4) Can you speak English?
      a .Yes, I can.
      b. Sure here it is.

예문들은 모두 영어의 can 조동사를 이용한 의문문들이다. 이 중에는 진짜 의문문이 있고 다른 건 요청이라는 화행을 보여주는 예문이 있다. 그것에 대한 차이는 우리가 어떻게 대답 하느냐에 달려 있다. (1)과 (2)는 요청으로 굳어진 의문문이고 (3)과 (4)는 의문문에 해당된다. 이제 영어의 can 의문문은 요청으로 많이 사용되어서 대답도 요청에 대한 승낙의 표현이 사용되는 걸 보여준다.

이론의 목적은 우리의 자연 현상이나 사회 현상은 불규칙한 것에서 어떤 규칙성을 찾아내서 패턴을 만들고 예측 가능하게 하는 것이다. 언어현상에서도 비슷하게 우리는 뭔가 단순화 하려고 한다. 그런 목적으로 화행 이론은 우리와는 너무도 다른종류의 말들을 한다. 그런데 이런 말들은 화자의 어떤 의도를 이해하기 위해 인식과 언어를 연결하는 노력이다.

주어진 말과 다르게 메타 메시지는 언어행동 혹은 화행으로 얻어지는 의미이다. 의사소통에서 메시지는 화자가 궁극적으로 어떤 메시지를 의도하는지로 받아들여진다.

　화자1: 문 좀 닫아 줄래?

위의 질문은 일반적인 의문문 형태를 띄우고 있지만 실제 의미는 요청이라는 종류의 의미로 받아들여 진다. 따라서 이 말을 들은 청자는 질문에 대해서 어떻게 대답할지를 고민하기보다 부탁을 들어주거나 들어주기 어려운 경우 거절하는 방식의 행동을 한다. 문장의 의미를 넘어서서 우리 의사소통에서는 상대방이 한 말을 어떤 종류의 행동이나 혹은 의도의 단계에서 파악하게 된다. 그리고 이를 화행이라고 부른다.

아래 예문은 어떤 종류의 화행에 해당되는지 생각해보자.

화자1: 내일 3시까지 여기 올께.

이런 예문은 주어진 문장과 달리 약속이라는 화행으로 받아들여진다. 이렇게 주어진 문장의 의미 외에 우리의 대화에서는 화자가 의도하는 바로 해석하는 종류의 의미가 존재한다.

특정 상황에서 나온 말을 우리는 발화(utterance)라고 하는데, 이때 말로써 일어나는 행위를 화행이라고 한다. 즉, 질문하기, 명령하기, 보고하기, 인사하기, 경고하기 등의 언어행위(speech act)를 말한다. 말하는 것은 또한 행동하는 것인데 화행에 있어서 문장과 의미가 일치하지 않는 경우가 있다. 아래 주어진 예들은 한국어로 할 경우 칭찬의 의미를 지니지만 영어로 옮겨놓은 경우 그렇지 않은 경우들이다.

(4) a. 너 참 꼼꼼하구나.
   b. 너 얼굴이 참 작구나.

(5) a. You are so meticulous.
   b. You have a small face.

위의 (4)의 예는 우리가 흔히 상대방을 칭찬할 때 쓰는 표현이다. 그러나 (5)와 같이 영어권 화자들에게도 칭찬의 표현일까? 같은 언어를 사용하여 표현하여도 내가 말하는 게 상대방에게 언제나 전해지는 것은 아니다. 언어적 의사소통이 실제 의사소통과 일치하지 않는 경우 그건 메타적 요소가 우리의 의사소통에 들어 있기 때문인데 여기서 메타는 그리스어로 '넘어서서'라는 의미이다. 여기서는 언어적 의미를 넘어선 종류의 의미를 메타적이라고 부른다. 화행과 함축이 실제 우리 의사소통에서 일어나는 의미를 다룬다는 점에서 문장 분석과 의미에 중점을 두는 이전의 언어철학과 차이를 가지며 참이냐 거짓이냐 명제에 집중하는 이전의 의미론과도 차이를 가진다.

3. 대화 속의 의미 2: 함축

두 번째 메타 메시지의 종류로 함축이라는 개념이 있다. 이것은 우리에게 주어진 말과 다른 종류의 의미를 뜻한다. 함축은 문자적으로 숨겨진 의미라는 뜻이 들어 있다. 언어 철학자들은 언어와 의미의 관계가 불합리하고 비논리적이라는 점에 주목했다. 많은 사람들은 자신이 말한대로 의미한다고 믿지만 우리 의사소통에서 우리가 한 말은 우리가 의미하는 것과 일치하지 않는다. 이런 종류의 의미를 함축이라고 말한다. 이것은 숨겨진 의미라는 뜻으로 사람들은 추론을 통해 의미를 얻어낸다.

실제 대화에서 우리들은 문장의 의미와 다른 의미를 교환한다는 걸 알 수 가 있다. 이런 종류의 의미는 나타나지 않는 의미로 추론을 통해 얻을 수 있다. 아래 대화를 보면서 두 번째 화자가 뜻하는 의미가 문장의 의미와 같은지 살펴보자.

조립의 위배 : 문장의 의미란 주어진 단어 의미의 결합이라는 이론

화자 1: 지금 몇 시예요?
화자 2: 방금 통근 버스가 지나갔어요.
(9시 반에 통근 버스가 있는 걸 서로 안다면 그건 9시 30분이
조금 지났다는 것을 말해준다).

두 번째 화자가 말한 내용은 추론을 통하지 않으면 이해하기 어려
운 의미이다. 두 화자는 통근 버스가 매일 몇 시에 도착하는지 아는
사이이고 그걸 이용해서 메시지를 전달한다. 우리의 대화는 이렇게
명시적이라기보다 암시적으로 메시지를 전달한다. 함축은 대화 안에
서 많은 부분을 차지한다.

4. Grice의 대화의 격률

Grice(1975)는 대화상 혹은 관습적으로 어떤 표현이 가지는 추론
적 의미를 함축이라고 했다. 이는의식적, 무의식적 추론의 과정을
거쳐서 생기는 발화의 맥락상 최종적으로 결정된 의미로 정의될 수
있다. 그라이스의 이론은 말하지 않고 알게 되는 간접적 의미에 대
해 다루고 있다. 즉, 대화에 있어서 함축을 설명하는 이론으로 우리
가 하는 말이 말하고자 하는 의미와 다른 것을 설명하는 것이다.
Grice(1975)는 대화 중에 문장 속의 의미를 전달하기 위해 사용할
것 같은 네 가지 예상을 발견하였는데, 이것을 대화격률이라고 한다.
일반적인 원리로는 협동원리라고 한다. 대화격률은 언어에 의한 서
로간의 의사소통이 원활하게 이루어지도록 하기 위한 제약이다. 내
용은 상대방에게 말의 의미를 알아들을 수 있을 정도의 충분한 내용

을 전달하는 양에 관한 규칙, 사실이라고 생각하는 것만을 전달하는 질에 관한 규칙, 진행되고 있는 대화에 관련된 내용을 말하는 관련성의 법칙, 가능한 간단하고 명료하게 말하는 방법의 법칙이다.

함축을 설명한 이론으로 그라이스의 네 가지 격률과 협동 원리가 있다. 그라이스는 함축적 의미와 명시적 의미를 구별해 내는 장치로 네 가지 격률로 설명한다. 그라이스는 격률이 지켜지는 경우 의미가 명시적이며 격률이 깨지는 경우 의미는 함축적으로 전달된다.

아래 대화를 읽고 생각해보자.

주 잭: 프랭크가 어디 있는지 알아?
사라: 글쎄 좀 전에 방에서 음악소리 들었는데.

여기서 사라가 한 말로 끌어낼 수 있는 의미를 적어보자. 사라가 한 말로 전달되는 의미는 실제 한 말과 일치하지 않아서 관련성의 격률이나 정보의 양이 부족함에서 오는 양의 격률이 깨지는 것으로 볼 수 있다. 사라는 일부러 직접적으로 아래와 같이 둘 중의 하나로 대답할 수 있다.

사라가 아는 경우: 응 프랭크는 방에 있어.
사라가 모르는 경우: 아니 어디 있는지 몰라.

이렇게 명확하게 말함으로써 격률을 지킬 수 있음에도 불구하고 사라는 프랭크와 관련 없는 음악에 대해서 말함으로써 잭의 질문에 대해서 비논리적인 방식으로 말하고 있다. 그럼에도 불구하고 우리는 사라가 암시하고 있는 의미를 끌어 낼 수 있다. 추론을 통해서 얻어지는 의미에 해당된다.

격률의 위배

우리의 대화는 일부러 격률을 깨뜨려서 함축으로 의미를 전달한다. 어떤 격률이 위배되었는지 아래 사례들을 통해서 이해해 보자.

양의 격률

필요한 만큼의 정보만 제공하는 것으로 너무 뻔한 말을 하거나 말하지 않아도 되는 말을 하는 것은 정보성이 결여되는 것이다. 필요 이상의 말을 많이 하거나 적게 하기, 또는 반복적으로 말하는 것도 마찬가지이다.

(1) A: 존은 어디 있어?
B: 수지 집 옆에 노란 차가 있던데.

충분한 정보를 일부러 제공하지 않는 경우들이 양의 격률 위배에 해당된다.

질의 격률

진실성에 대한 격률로 거짓이라고 생각하는 것이나 정당성을 갖고 있지 않은 것에 대해서는 말하지 말라는 것이다.

(2) 2+2=4 맞지?

질의 격률 위배의 대표적인 예는 거짓말이다.

관련성의 격률

대화 상대자와 관련되어 있는 것에 대해서만 말하라는 격률이다.

(3) 아버지: 숙제 다 했니?
    아들: 몇 시에 저녁이예요?

방법의 격률

명확하고 간결하게 말하는 격률로 애매하거나 모호하게 말하기, 순서를 깨뜨리며 말하기, 두서없이 말하기 등은 방법의 격률이 깨지는 경우로 볼 수 있겠다.

(4) A: 어디서 들러서 뭐 좀 먹을까?
B: M-c-D-o-n-a-l-d-s

말하는 방식에서 일부러 복잡하고 길게 말하는 경우 방법의 격률이 위배된 것으로 본다.

이 격률들은 우리의 대화에서 명시적(explicit) 의미, 암시적(implicit) 의미로 분리한다. 우리의 대화는 명시적으로 이루어지는 경우와 그렇지 않은 경우가 있다. 그라이스는 우리의 대화가 논리적 측면에서 보게 되면 얼마나 비논리적인지 보여준다. 여기서 네 가지 격률을 통해 그라이스가 보여주고자 하는 것은 논리적 입장에서 명시적 대화가 암시적이라는 것이다.

우리가 "날씨가 덥다'라고 말할 때 이는 정보를 나타내는 말이지만 실제 우리 의사소통에서 주고 받는 의미는 언어적 의미와 같지 않는 경우가 많다. 이는 속담이나 관용적 표현에서도 발견할 수 있는데 '손이 크다'와 같은 관용적 표현은 어휘적 의미가 아닌 '돈을 잘 쓴다'라는 전이된 의미로 사용되어 명시적 의미와 암시적 의미가 같이 않음을 알 수 있다.

이와 같이 우리가 받아들이는 의미가 우리가 한 말에 있지 않다는 사실에 따라서 이런 종류의 의미를 함축이라고 한다. 특히 일정한 대화 안에서 끌어내는 종류의 말을 대화 함축이라고 한다.

그라이스는 이런 다른 종류의 말을 함축이라 명하고 우리가 함축이 일어나는 현상을 격률이 위배되는 경우로 설명한다. 따라서 바꾸어 말하면 격률이 지켜지면 함축이 일어나지 않고 말한 그대로를 의미하게 된다. 따라서 그라이스의 대화격률은 명시적 의미를 구성하는 요소가 되기도 한다. 이를 통해 우리의 메시지가 함축으로 의미가 전달되는 경우와 명시적 방법으로 전달되는 경우를 구별할 수 있는데 이 점이 바로 그라이스의 공헌이라 할 수 있겠다. 다음의 예를 통해 이를 살펴보자.

우리는 일상 대화에서 격률을 지켜서 말하는가? 그렇다면 실제 대화는 지루해진다. 우리가 격률을 지켜서 말하게 되면 우리는 그것을 기계적 대답이라고 말한다.

(5) 명시적 그래서 지루한 경우
　A: 숙제 다 했니?
　B: 네 다 했어요.

함축은 또한 맥락 안에서 이해되는 의미이기도 하다. 따라서 우리가 얻는 의미는 주어진 상황에서 가능한 의미이기도 하다. 이런 점이 다른 종류의 숨은 의미와 대화함축이 다른 점이기도 하다.

(6) 200미터 더 가면 주차장이 있습니다.

대화 협력 원리

협동 원리는 격률이 깨진 상태에서도 두 사람 사이의 의미가 전달되는 현상을 설명하는 요소로 화자들은 커뮤니케이션 활동에서 어떤 식으로든 협조를 하고 있다는 원칙을 말한다. 그라이스는 간접적 화행을 어떻게 청자가 해석하는지를 보여주면서 격률이 깨진 경우에도 협동원리에 따라 화자와 청자는 어떤 식으로든 대답하고 있다는 것을 전제로 협동원리가 없다면 B가 한 말을 이해할 수 없을 것이다. 하지만 우리는 격률이 깨진 상황에서도 상대방의 의도를 해석할 수 있는데, 그것은 격률이 깨지면서 그래도 어떤 식으로든 기여하기 위해 응답하려는 자세로 간접적으로 의도를 나타내기 때문이다.

◈ 학자소개

허버트 폴 그라이스(Herbert Paul Grice, 1913~1988)

영국 및 미국의 언어철학자로 캘리포니아 대학교 버클리 교수를 지냈다. 그는 근본적이고 합리적인 사고에서 출발하여 상호 협력을 목적으로 하는 대화에서 효과적이고도 효율적으로 언어를 사용하기 위해서는 대화를 하는데 있어서 어떤 묵시적인 지침들이 필요하다고 여겼다. 이를 '대화의 격률'로 정리하여 대화의 원리를 객관적으로 규명하고자 하였다.

존 랭쇼 오스틴(John Langshaw Austin, 1911~1960)

영국의 언어철학자로 언어행위이론으로 유명하다.
철학적인 이론보다 일상 언어를 명확하게 규정하고, 일상 언어가 어떻게 사용되고 있는가를 연구하는 것이 매우 중요하다고 생각하고 이런 목표를 위해 조직적이고 정밀한 기술 방법을 추구했다. 다른 철학자들과 달리 그는 실험실에서 실험하는 과학적인 방법과 경험적인 연구 태도를 매우 중요시했다. 그는 종전에 철학의 일부였던 심리학이 새로운 과학으로 등장한 것처럼 자기가 추구하는 말에 대한 경험적이고 분석적인 연구가 새로운 종류의 언어학으로 등장하기를 바랐다.

존 설(John Rogers Searle, 1932~)

언어철학과 심리철학을 전문으로 하는 철학자로 캘리포니아 대학교 버클리 교수이다. 그는 존 오스틴의 후계자로 일컬어지며 일찍이 30대에 언어행위이론(Speech Act Theory)을 발표하여 일약 언어철학계의 주목할 만한 인물로 부각되었다. 언어표현이 간접적으로 미치는 수행적 기능(간접발화행위)를 연구하였다. 사회문제에도 관심이 많아 '중국어 방 논증(Chinese Room Argument)'으로 널리 알려져 있다. 2000년 심리철학과 인지과학에서 가장 뛰어난 업적을 낸 학자에게 주는 장 니코 상을 수상했다

1. 대화를 이루는 요소는 무엇인가?

2. 추이적정지점을 보여주는 신호 세 가지를 적으시오.

3. 다음을 도식화 하시오.

    - 매끄러운 화자 교체가 일어나고 있다.
    - 첫 화자가 끝나기 전에 두 번째 화자가 끼어든다.
    - 두 화자가 동시에 시작한다.
    - 한 화자가 계속 주도권을 장악해서 말한다.

4. 간접적으로 말하기에서 얻는 이익에 대해서 세 가지 적으시오.

5. 아래의 예문의 실제 의미는 무엇인지 적어보시오.
   그리고 어떤 격률이 깨지고 있는지 찾으시오.

   ① A: 지금 몇 시인가요?
      B: 방금 학교 버스가 지나갔어요.

   ② A: 총리로 블레어에 대해 어떻게 생각하십니까?
      B: 블레어는 센스 있고 잘 웃고 재즈를 좋아하죠.

토론주제

내가 처음으로 스페인에 머무는 동안 나는 지인들로부터 저녁식사에 초대 받았다. 우리는 기분 좋게 나란히 앉아서 활기차게 신과 세상에 대해 얘기를 나눴다. 독일인인 나는 당연히 대화 파트너 중 한 사람이 말을 끝낼 때까지 정중하게 기다린 다음에 이 주제에 대한 내 생각을 표현했다. 하지만 내 말은 자주 끊기게 되었고, 시간이 지나면서 나는 무례하고 좋지 못한 교육을 받은 사람과 마주앉아 있다는 느낌에 사로잡히게 되었다.

▶ 독일인이 대화 상대자인 스페인 사람들이 무례하다고 여긴 이유는 무엇인가?
　또한 스페인 사람들에게 끼어들기는 무엇을 나타내는가?

토론주제

일본 수상 사토 에이사쿠(Sato Eisaku)와 닉슨(Nixon) 미국 대통령과의 만남에 관하여 다음과 같이 보고되었다. 일본 섬유를 미국으로 수출하는 어려운 문제의 해결책을 찾는 것이 시안이었다. 이 수출은 수많은 닉슨 유권자들을 당황하게 히였고, 닉슨은 사토 수상에게 이 문제점들을 지적했다. 사토는 다음과 같이 대답했다: zensho shimasu. 이 어휘들은 말 그대로 다음과 같은 정도의 의미를 갖는 것이었다. 저는 제가 할 수 있는 한 그 문제에 대하여 생각해보겠습니다. 그러나 그 말은 닉슨에게는 다음과 같은 것을 의미했다. 제가 그 문제를 처리하겠습니다. 그래서 그는 사토가 문제를 해결할 것이라고 생각했다. 사토에게는 그 말이 단지 이 주제를 끝내는 정중한 형태였을 뿐이었다.

▶ 위의 지문에서 어떤 발화가 어떤 화행으로 받아들여졌는지 찾아내시오.

독일인 F와 B는 남프랑스 마을을 휴가 중 지나가다 길모퉁이에 있는 닭고기 그릴 가게에 들어가 식사를 하기로 하였다. 마침 은행 앞 건너편에 주차할 공간도 있어 주차를 하고 차에서 내리는데 한 젊은이가 다가와 완벽한 독일어로 "200미터 더 가면 주차장이 있습니다"라고 일러주었다.

▶ 이것은 그라이스 격률들의 효과를 보여주는 예이다.
  어떤 격률과 관련이 있나?

제3부

의사소통에 영향을
주는 요소들

제1장 사회 문화적 요소

    다양한 출신의 사람들과 이야기하다 보면각 개인의 문화적 특성이 언급되는 것은 당연하다. 그러나 한 개인이 그 개인이 속한 문화를 정확하게 대표한다고는 말할 수 없다. 이것이 사실이라 할지라도 개인들의 경험을 모으면 어느 정도 체계화하여 파악할 수 있다. 개인의 경험의 체계적인 관찰을 위해서 몇몇 양상들을 척도의 양극에 배치하여 생각해 볼 수 있다. 팅투미 (Ting-Toomey 1999)는 문화를 빙하에 비유한다. 우리가 볼 수 없는 깊은 층에는 전통 믿음 그리고 가치관과 같은 부분이 있고 빙하의 위쪽에는 문화적 산물인 패션 유행 음악 그리고 구어적 비구어적 상징들이 있다고 정의한다.

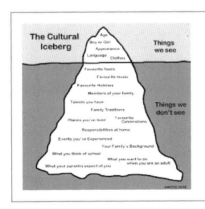

* **문화 차이**

- Ting-Toomey
: 문화를 빙하에 비유

- 빙하의 상층
: 패션, 음악, 언어

- 빙하의 하층
: 전통, 믿음, 가치관

1. 고맥락과 저맥락

미국의 인류학자 Edward Hall(1976)은 가치관에 따라 오랜 기간 동안 형성되어진 의사소통 방식이 문화권에 따라 달리 나타나는 차이를 고맥락과 저맥락(high context and low context)의 개념으로 나누어 설명하였는데 이를 맥락이론이라 한다.

저맥락 문화에서는 사람들의 관계가 지속적이지 못하고 느슨하다. 따라서 메시지를 전달할 때 생각을 말 그대로 명시적으로 이야기해야 한다. 의사소통은 표현된 대화나 글의 내용에 의해 이루어지고 직설적인 표현을 사용한다. 이는 개인주의 문화의 전형적인 의사소통 방식으로 대표적인 나라는 미국이나 독일이 이에 속한다. 저맥락 문화권에서는 약정과 협약이 주로 문서로 체결되며 문화적으로 각인된 태도가 쉽고 빠르게 변하는 것이 특징이다.

반대로 고맥락 사회는 사람들 사이의 관계가 깊고 오랫동안 지속되는 사회를 말한다. 이러한 문화에서는 말로 명시적으로 메시지를 전달하기보다는 표현된 내용으로부터 상대방의 진의를 유추할 수 있어야하므로 정확한 메시지를 바르게 이해하기 위해서는 상황이나 배경 즉, 맥락지식이 필요하다. 대표적인 고맥락 사회로 일본이나 한국을 꼽을 수 있다. 예를 들어, 한국에는 '눈치'라는 것이 의사소통에 있어 아주 중요한데 이는 네이버 사전에서 '남의 마음을 그때그때 상황으로 미루어 알아내는 것'이라고 정의되어져 있다. '절에 가도 눈치가 있으면 새우젓을 얻어먹는다'는 속담은 눈치가 있으면 어디를 가도 군색한 일이 없다는 것을 이르는 속담으로 한국 사회에서 얼마나 눈치라는 것이 중요한지 알 수 있는 대목이다. 고맥락 사회에서는 정확하게 말하지 않고서도 맥락지식을 통해서 서로 알고 있기 때문에 메시지는 함축적으로 전달된다. 약정과 협약은 주로 구두로 체결되며 문화적으로 각인된 태도가 깊이 고착해 있어 변화가 어렵고 느리다.

정리하면 저맥락 문화에서는 커뮤니케이션에서 논리가 중시되며 직접적이고, 세부적, 명시적 묘사가 선호되며 논리가 존중된다. 국가 별로는 독일, 스위스, 북미, 영국 등이 이에 해당한다. 반면, 고맥락 문화에서는 커뮤니케이션에서 감정이 중시되고, 비유적, 암시적이고, 단순하고 모호한 묘사가 선호되며 감정이 중시되며 중국, 한국, 일본 등이 이에 속한다.

	저맥락	고맥락
1.	사람들과의 관계가 느슨함	사람들과의 관계가 지속적
2.	명확한 의사소통이 진행	빠르고 원활한 의사소통
3.	책임소재 - 체계에 달려 있음	상관이 부하 직원에게 개인적 책임감 느낌
4.	약정과 협약 - 문서로 체결	약정과 협약 - 구두로 체결
5.	내부집단과 외부집단의 구분이 불분명함	내부집단과 외부집단의 명확한 구분
6.	문화적 태도의 변화가 쉬움	문화적 태도의 변화가 어려움

> **"한국인은 영어를 몰라도 아는 척 한다"**
>
> - 독일의 대한(對韓) 비즈니스 안내서에서 한국인의 특성으로 언급 -

대표적인 저맥락 사회에 속하는 독일인의 눈에는 몰라도 아는 척 하는 한국인의 행동이 위선적이고, 자기과시적인 것으로 보일 수도 있으나 한국인의 입장에서는 중요하지 않은 것에 대해서 다시 묻는 일 자체가 상대에 대한 배려를 하지 않는다는 메시지를 함유하기 때문에 모르는 것도 이해하는 척하고 상대의 이러한 행동도 같은 맥락에서 긍정적으로 받아들인다.

● **다테마에와 혼네**

일본인들의 특성을 지적할 때 등장하는 용어들로 '다테마에'는 겉으로 드러나는 태도를, '혼네'는 본심을 의미한다. '치명적인 일본'의 저자 알렉스 커(Alex Kerr)는 모든 것을 일일이 말할 필요가 없다는 생각에서 '다테마에'가 나오는 것으로 의사소통은 말 이외의 수단을 통해서 이루어지며 사실을 말하는 것보다 침착한 겉모습을 더 중요시하는 일본의 정신이라고 설명하고 있다.

---

2. 개인주의와 집단주의

개인적 관심에 따른 유형의 분류로 개인주의적 문화들에서는 개인적인 관심이, 집단주의적 문화에서는 공동체의 안녕이 더 중요시된다.

집단주의적 문화에서는 사회시스템에 의해서 정체성이 부여되므로 기업에 의존도가 높고 따라서 이직률도 낮다. 개인적인 주도권은 선호되어지지 않으며 팀의 결정이 더 중요하다. 반면 개인주의적 문화에서는 정체성은 개개인으로부터 나온다고 생각하기 때문에 기업의존도가 낮고 이직률도 높다. 개인적인 주도권이 요구되며 개인적인 결정이 팀의 결정보다 훨씬 낫다고 생각한다.

집단주의		개인주의적
1.	정체성은 사회시스템에서 부여	정체성은 개인으로부터 나옴
2.	기업에 의존: Job유동성이 적음	기업에서 독립: Job유동성이 높음
3.	팀의 결정이 나음	개별 결정이 나음
4.	회사 내에서 공석 충원 선호	회사 외부에서 공석 충원 가능

5.	새로운 경영 방침 선호하지 않음	새로운 경영 방침 도입이나 업데이트 가능
6.	개인적인 주도권 선호되지 않음	개인적인 주도권 요구
7.	지침사항은 상황과 관계에 종속	지침사항은 모두에게 동일 적용

결혼

개인주의는 집단으로부터 분리되어 있으며 집단에 구속되지 않고 자유롭게 행동한다. 개인의 사회적 행동은 개인의 즐거움을 위한 것이고 사람과의 관계는 계약에 의해 이루어진다. 만약, 관계를 유지하는 비용이 그 관계에서 얻는 즐거움 이상 든다면 계약에 의해 이루어진 그 관계를 마무리하는 것이 당연하다. 결혼에 있어 혼인서약서가 이 개념을 잘 나타낸 주는 것으로 결혼도 두 사람의 계약으로 받아들인다. 따라서 서로의 이해관계가 다르다면 이혼하는 것이 당연하게 여겨진다.

반면 집단주의 사회에서는 개인은 집단의 일부로 개인의 목표보다 집단의 목표를 우선시한다. 사람들의 행동은 규범, 의무, 책임의 결과로 나타나며 관계를 유지하는데 터무니없는 비용이 들지 않는 한 사람들의 관계를 포기하지 않는다. 결혼은 '인륜지대사'라거나, '부부는 하늘이 맺어준 인연'과 같은 말을 들어본 적이 있을 것이다. 부부로서의 의무와 책임 강조되고 부부가 관계를 유지하기 힘든 경우, '정 때문에' 또는 '자식 때문에라도 함께 살아야 지'라는 말을 흔히 한다.

사회적 행동의 규정 - 갈등 상황에서

개인주의 사회에서는 개인이 집단과 계약관계를 맺고 있다고 여겨지기 때문에 집단의 목표보다 개인의 목표가 더 중요하게 여겨진다. 집단의 목표와 개인의 목표가 상충될 때 개인의 목표를 성취하려고 하는 것이 매우 자연스럽다. 집단의 의무는 나에게 이익이 된다고 생각했을 때 행한다. 내집단의 수가 많고, 크기 작다. 내집단과 외집단의 구성원에 관계없이 그들에 대한 행동에 달라지지 않는다. 자신의 독특성을 찾고, 그것을 일관적으로 유지하는 것이 중요하게 여겨진다.

집단주의 사회에서는 개인의 목표가 집단의 목표에 상충되지 않으며 개인은 집단의 뜻에 따라 집단이 기대하고 요구하는 것을 실행한다. 개인은 집단 속에서 자신의 의무를 다하고, 사람들이 기대하는 일을 하는 것이 당연하다고 여긴다. 단기적 이익보다 관계의 유지가 더 큰 동기로 작용한다. 내집단의 구성원과 외집단에 있는 사람들을 대할 때 행동이 달라지며 집단 내의 조화를 중시하며 개인은 자신의 사회적 맥락에 적합한 행동을 해야 한다.

호칭

집단주의 사회라고 알려져 있는 한국에서는 동갑 친구 외에는 이름을 거의 부르지 않는다. 상대방과 자신의 관계가 더 중요시 되므로 이름을 부르는 것은 어색하게 여겨진다. 그래서 '부장님' '대리님' 등 상대의 위치를 나타내는 호칭 사용이 많이 사용된다. 회사에서 나와의 관계를 지칭하는 호칭에 따라 서로의 행동이 결정된다. 가족관계에서도 마찬가지로 관계에 따라 적합한 언행이 뒤따른다.

개인주의로 알려진 서양에서는 상대방을 부를 때 상대의 성이나 이름을 주로 부른다. 친구는 나이에 상관없이 될 수 있다고 생각하여 이름 부르고 처음 본 사업 상대나 선생님께 Mr.나 Mrs.의 호칭으로 부른다. 이름이라는 것은 그 사람의 정체성(identity)이므로 관계가 아닌 이름으로 호칭하는 것이다.

3. 사회적 요소: 호프슈테테 이론 (문화적 심리학적 접근법)

호프슈테데의 연구

게르트 호프슈테데(Geert Hofstede)는 40개국에 걸쳐 있는 IBM의 직원들을 대상으로 일과 관련된 가치관을 연구하였다. 이러한 조직 문화 연구로 그가 찾아낸 나라별 차이점은 의사소통 연구에 많이 활용되고 있다. 다음은 호프슈테데가 고안한 국가적 차이가 파악될 수 있는 네 가지 범주이다.

1) 권력 거리 (PDI : Power distance)

구조 안에서 권력의 격차 정도를 조사하는 것으로 불공평을 받아들이는 정도를 알아보는 요소이다. 즉, 이를 반영한 권력 간격 지표는 얼마나 사회적 차별을 용인하는가를 나타낸다. 낮은 권력격차는 평평한 위계질서와 관계가 있고 이에 해당하는 국가로는 독일과 같은 북유럽 국가들이 포함된다. 이런 사회에서는 조화로운 관계를 중시하고 문제점을 하위 그룹에 두는 것보다 체제에 두는 경향이 있다. 높은 권력 격차는 단계화된 위계질서와 관계가 있다. 즉, 권력 간격 지수가 높은 사회에서는 수직적 관계가 인정되어 신분적 차이가 크게 나타난다. 높은 권력 격차 수치를 갖고 있는 문화에서 개인들은 권력분배의 큰 차이를 용인한다. 이런 사회에는 라틴 계열, 아시아, 그리고 아프리카 국가들이 포함된다.

2) 불확실 회피성향 (UAI : Uncertainty avoidance)

이 요소는 타 문화에 대한 관용 정도를 나타내는 것으로 다른 가치관에 대한 개방성과 폐쇄성을 나타낸다. 사회 구성원들이 애매하고 불확실한 것에 대해 얼마나 불편함을 느끼는지에 대한 정도에 대한 지표이다. 불확실성 회피 지수가 높은 사회의 경우는 안정을 추구하고 위험 부담이 큰 일을 피하려고 한다. 이런 사회에서는 구성원들이 직장 업무와 실직에 대한 부담이 크게 되고 전문가와 권위에 대한 의존도가 높게 나타났다. 반대로 불확실성 회피 지수가 낮은 사회에서는 부담감이 상대적으로 적고 지켜야 하는 규칙도 적다. 불확실성 회피 지수가 높은 국가들로는 남아메리카 라틴 국가, 일본, 그리고 독일 국가들이 포함되고 불확실성 회피 지수가 낮은 국가로는 앵글로 북유럽 그리고 중국이 포함된다.

3) 개인주의/집단주의

이 요소는 조직 안에서의 개인에 대한 태도를 말하는 것으로 개인이 중요한가? 조직이 중요한가를 다루는 것이다. 이것으로 우리는 사회 다수와의 관계를 파악할 수 있다. 개인주의 수치가 높으면 자율성 즉, 자신에 대한 관심이 강해지고 직업을 개인 삶의 보조로 여긴다. 이 문화권의 개인들은 가족이나 공공 집단보다 자신에게 더 관심을 둔다. 이런 개인주의는 서구 사회에 많고 집단주의는 동양 사회에 많다. 일본의 경우 이 측면의 중간에 해당한다.

4) 남성성과 여성성

이는 전통적인 남성적 또는 여성적 가치의 크기를 보여주는 것으로 남성적 특성에 속하는 성질인 성취욕과 성과와 관련 있는 요소이다. 남성적인 문화는 관철능력에 역점을 두고 성취동기가 강하다. 직업이 개인의 삶에 영향을 주는 것을 허용하고 사무 지향적이며 적은 노동대신에 많은 월급에 더 높은 가치를 둔다. 높은 남성성 지수는 저돌적인 행동을 추구하고 낮은 남성성 지수는 협상과 친절함을 중시한다. 호프슈테데에 따르면 남성성 사회로는 일본과 독일, 오스트리아, 스위스와 같은 유럽 국가가 포함된다.

여성성		남성성
1.	적은 성취동기	높은 성취동기
2.	업무 스트레스가 적다	업무 스트레스가 높다
3.	직업이 개인 삶에 영향을 미치는 것 허용하지 않음	직업이 개인 삶에 영향을 미치는 것 허용
4.	이론은 적게 받아들여진다.	이론이 받아들여진다.
5.	높은 월급대신 적은 노동	적은 노동 대신 많은 월급
6.	관계 지향적	사무 지향적
7.	'평생고용'을 긍정적으로 평가	기업 내외부에서 승진가능성 모색
8.	경쟁 대신 협력	협력 대신 경쟁

5) 장기 지향성 (LTO : Long term orientation)

사회의 시간범위를 설명하는 것으로 장기 지향성 사회는 미래에 더 많은 중요성을 부여한다. 저축이나 장기성과에 관련된 미래 지향적 가치를 중시한다. 반대로 단기 지향적 사회는 전통에 대한 존중, 사회적 책임의 준수 등 과거와 현재에 관련된 가치를 중요하게 여긴다.

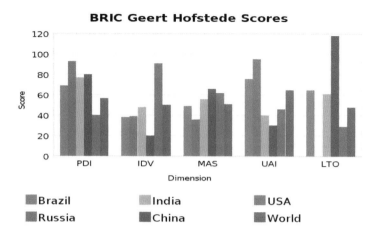

BRIC Geert Hofstede Scores

Brazil India USA
Russia China World

PDI (Power distance: 권력격차) IDV(Individualism: 개인주의)
MAS(Masculinity: 남성성) LTO(Long-term orientation: 장기 지향성)
UAI(Uncertainty avoidance: 불확실성 회피)

호프슈테데 모델의 현대적 해석

호프슈테데가 제시한 여러 지표들은 서로 다른 사회적 성격을 여러 측면에서 비교하기에 좋은 기준을 제공하였다. 이 모델은 경영 문화 커뮤니케이션과 같은 여러 분야에서 많이 사용되었다. 이제 이 모델이 활용되면서 최근에 발달된 경우들을 살펴보자.

실증 연구들은 이 모델이 가지는 한계점과 보완할 점들을 제시한다. 가장 큰 한계점은 호프슈테데가 제시한 지표들의 경우 서구적 편견에서 지난치게 일반화된 측면이 있다는 점이다. 예를 들어 남성성과 여성성의 구별은 지나친 일반화라는 비판이 있다. 또한 모든 사회에는 성취 중심적 경향과 관계 중심적 경향이 섞여 있기에 이 두 개의 구별로 나누기가 쉽지 않다.

실제 대화 분석 연구 결과에 따르면 몇몇 지표의 경우 활용이 어려운 것으로 나타났다. 언어학자 클라인(Clyne)dp 따르면 직장 대화 분석에서 남성성과 여성성 지표 적용이 한계가 있고 대신 조화와 협상의 정도 그리고 명백성과 같은 특징이 나타났다.

권력관계

우리의 상하 관계는 사회적 요소의 영향을 받는다. 브라운과 레빈슨(Brown &Levinson)은 권력을 상대적인 힘의 비대칭적인 사회적 측면으로 보았다. 권력이란 다른 사람의 행동에 부정적으로 영향을 끼치는 것으로 볼 수 있다. 상대방이 하려고 하지 않는 일을 하도록 만들 수 있는 힘의 정도를 말한다.

에드워드 T. 홀(Edward T. Hall, 1914~2009)

미국의 문화인류학자로, 1942년 컬럼비아 대학에서 박사 학위를 취득한 후 나바호족, 호피족, 에스파냐계 미국인, 트루크족 등과 더불어 현지조사연구를 행했다. 통문화적 커뮤니케이션 분야의 뛰어난 업적으로 세계적인 인정을 받은 홀은 수많은 기업과 정부기관의 컨설턴트로도 활약했다. 홀은 그의 문화인류학 4부작이라 불리는 [침묵의 언어] [숨겨진 차원] [문화를 넘어서] [생명의 춤]을 비롯해 일상의 문화인류학과 문화 간의 비교연구에 관한 여러 저서들을 남겼다. 퇴임 후 뉴멕시코 주의 자택에서 집필과 연구를 계속하다가 2009년 95세를 일기로 세상을 떠났다.

거트 홉스테드(Geert Hofstede, 1928~)

네델란드 사회 심리학자로 Maastricht 대학의 명예 교수이다. 그의 가장 주목할 만한 업적은 문화차원 이론을 발전시킨 것이다. 1960년대와 1970년대에 IBM이 수행한 세계 고용인 가치관 조사 결과를 검토하기 위해 처음으로 이 모델을 만들었다. 이 이론은 관측되는 문화간 차이점을 수치화하여 설명하려 한 최초의 시도에 속한다. 홉스테데의 작업은 비교문화심리학의 주요한 연구 전통을 정립했으며, 국제 사업이나 국제 의사소통 등의 여러 분야에 종사하는 연구원들과 자문위원들에게 애용되었다. 문화간 분야의 중요 연구 자산이며, 문화간 가치관 뿐만 아니라 사회적 신념 등 여러 문화적 요소에 대한 많은 연구를 촉발시켰다.

강의 이해하기

1. 한국의 문화적 특성을 보여주는 요소를 세 개 선택하시오.

2. 호프슈테데 연구에서 국가적 차이를 파악할 수 있는 범주를 네 가지로 조사하였다. 범주 네 가지는 무엇인가?

3. 고맥락 문화와 저맥락 문화를 간략히 비교 설명하시오.

4. 권력격차 수치가 높은 국가들의 특징은 무엇인가?

1. 한국의 집단주의가 기업의 글로벌화에 미치는 영향을 생각해보자.

2. 자존감과 자신감의 차이를 구별해보고 한국 사회에서 더 중요시되고 있는 요소는 무엇인
   지 이장에서 다룬 내용을 바탕으로 생각해보자.

3. 토의하기

● 자존심과 자존감

자존심 (自尊心) : 스스로를 존준하는 마음 self-esteem

타인이 자신을 존중하는 정도에 따른 감정

자존감(自尊感) : 스스로를 존중하는 감정 self-esteem

자기 자신을 존중하는 정도에 따른 감정

Q1. 한국 사회에서 왜 자존감보다 자존심이 사람들의 행동에 더 큰 영향을 미치는가?

① 한국은 집단주의 사회

개인은 사회 구성원으로서 그 존재 가치가 있기 때문에 내가 자신을 존중하는 감정
보다 타인이 자신을 얼마나 존중하는지가 중요하게 여겨 진다. 반대로 개인주의적
성향이 강한 미국이나 서유럽은 자기 자신이 스스로를 존중하는지 여부가 더 중요
할 수 밖에 없다.

② 한국은 동질성이 높은 사회

단일민족, 중앙집권적 국가, 동일 교육 시스템에 의해서 사회의 구성 원들 간 동질
성이 높으며 획일화된 기준으로 구성원을 평가하기 쉽다. 그래서 사회적 비교가 빈
번히 일어난다. 예를 들어 동질성이 높은 사회에서 외모에 대한 일괄적인 기준을 적
용할 수 있고, 그에 따라 평가를 받다 보니 남들이 자신을 어떻게 생각하는지가 중
요해 진다.

③ 한국은 사회적 밀집도가 높은 사회

사람들이 심리적으로 밀집되어 있다고 느끼는 심리적 밀집도가 높은 사회에서 그만
큼 남에게 관심이 많다는 얘기, 즉 남이 자신을 어떻 게 생각하는지도 중요해 진다
는 말이다.

④ 한국은 수직적 사회

호프슈테데의 'power distance'에 따르면 한국은 수직적 사회에 해당하고 자신보
다 지위가 낮은 사람을 평가하는 일은 그리 어렵지 않으나 반대로 모두가 평등한
수평 사회에서는 함부로 타인을 평가하기 어렵다.

[빠리잡문]**by** 김투몽 의 글 중에서

제2장 인지적 요소

우리는 앞에서 의사소통에 필요한 언어적 요소들을 살펴보았다. 이러한 요소들은 우리가 대화하는데 있어서 '어떤 말'을 하느냐 외에도 '어떤 식'으로 말하느냐가 중요하다는 것을 보여주었다. 그렇다면 언어적 요소만으로 성공적인 의사소통이 가능한지 아래의 예문을 살펴보자.

미국인 고용주: 문서 정리원으로 일하는 데 자신 있습니까?
한국인 응시자: 네, 자신 있습니다.
　　　　　　 저는 서울 대학교에서 학사 학위를 받았습니다.
　　　　　　 저희 집안은 평판도 좋은 데다 저는 이제껏 누가 되었든 제가 원하는
　　　　　　 것을 다 성취해 왔습니다.
미국인 고용주: 그러면, 다른 회사에서 문서철 하는 부서에서 일해본 적이 있단 말입
　　　　　　 니까?
한국인 응시자: 네, 할 수 있습니다.
　　　　　　 저는 타자도 칠 줄 알고, 운전도 하고, 한국에서 가장 좋은 대학을 나왔
　　　　　　 습니다.
미국인 고용주: 서류를 알파벳순으로 정리할 수 있다는 말입니까?
한국인 응시자: 저는 영어를 중, 고등학교 6년, 대학에서 4년을 공부했습니다.
　　　　　　 그 당시에 늘 우등생이었구요.

Employer: Are you confident in performing the duties of a file clerk?
Korean: Yes, I am. I have a B.A. degree from Seoul National University.
　　　　My family is known to be a good one, and I have been getting
　　　　whatever I want from everybody.
Employer: But, have you ever worked in a filing department in any
　　　　　company?
Korean: Yes, I can type, drive, and have a B.A. degree from the best

---

Employer: Can you order things alphabetically?

Korean: I learned English for six years in high school and four years at
college. I used to be the best student in those days.

위 예문의 고용주와 한국인은 영어로 대화를 하고 있지만 고용주
는 한국인의 대답을 잘 이해할 수 없을 것이다. 대화에서 오해가 생
긴 것은 언어적 표현의 결과라기 보다 또 다른 요소가 의사소통에
필요하다는 것을 말해준다. 언어적 기호는 상대방을 이해하기 위한
결정적 매체로 text를 통해서 대화에 참여하는 화자와 청자를 연결
한다. 그러나 text는 기호일 뿐 대화 참여자의 지식이 통하지 않는다
면 아무런 의미를 지닐 수 없게 된다. 따라서 의사소통에 필요한 또
다른 요소로 지식을 꼽을 수 있겠다. 이 장에서 우리는 의사소통에
관여하는 지식은 어떻게 이루어지고 구조화되는지 살펴보도록 하자.

의사소통에 관여하는 지식은 문법적 지식, 어휘적 지식, 세계 지
식, 맥락 지식으로 모두 네 개의 구성요소를 가지고 있다. 먼저 문법적
지식은 문법 규칙으로 문법 요소들을 어떻게 결합할 것인지에 대한
지식이다. 예를 들어 영어에서는 주어, 동사, 목적어 순으로 문장이
구성되며, 한국어에서는 주어, 목적어, 동사의 구조로 문장이 구성되
는데 이 결합을 이해하고 있어야만 의사소통에 오해가 생기지 않
는다. 이 때 문장을 구성하고 있는 어휘에 대한 지식, 즉 어휘적 지
식은 문법을 이루는 단어에 대한 지식으로 단어가 가지고 있는 의미
를 대화 참여자들이 공유해야지만 의사소통이 가능하다.

(1) Colorless green ideas sleep furiously (Chomsky, 1957)

위의 예문은 Chomsky의 유명한 문장으로 문법적으로는 완벽하지만 의미적으로는 전혀 맞지 않다. 이처럼 어휘적 지식과 문법적 지식을 통해 언어적 지식을 형성하게 된다.

다음으로 우리가 흔히 세상지식이라고 하는 세계지식에 대해서 알아보자. 세계 지식은 약간 모호하다. 우리가 말하는 세계 지식은 백과 사전식 지식으로 주로 맥락을 이해하는데 필요한 상황적 요소에 대한 지식을 가리킨다. 누군가 '벌써 왔어' 라고 말할 때 누구를 가리키는지 알 수 없지만 구체적인 상황에서 화자들은 이 말만 가지고도 서로 알아 차릴 수 있다.

이것은 세계에 대한 물리적 지식뿐 아니라 문화, 사회적 관습, 가치체계, 규범과 같은 사회적 세상지식까지 포함한다.

마지막으로 맥락지식은 상황에 따라 해석이 매번 달라지는 것으로 이는 사용된 말의 의미가 주어진 상황에서 결정되기 때문이다. '너', '나','우리'의 의미나 '이것', '그것'의 의미는 대화상황에 따라 지시하는 바가 달라지게 되는데 이러한 직시어가 대표적인 예라고 할 수 있다.

1. 프레임(frame)

프레임은 지식의 체계를 가리키는 용어 중 하나로 전반적인 기대와 예측을 나타낸다. 우리의 뇌는 체중의 2%이지만 엄청난 양의 정보와 자극을 빠른 속도로 처리해야 하므로 전체 에너지의 20% 넘는

양을 사용하고 있다. 따라서 뇌는 효율성과 신속성을 동시에 추구해야만 하고 그에 대한 해법으로 frame(틀)이라는 것을 만들어낸다. 즉, 일정한 지각방식과 반응 패턴을 만들어서 의식과 반응을 자동화하는 것이다. 우리는 어떤 조건에 거의 무조건적으로 반응하는 경향이 있는데 이 때문에 '마음의 창'에 비유된다. 어떤 대상이나 개념을 접했을 때 어떤 프레임을 가지고 있느냐에 따라 그 해석은 달라진다.

언어학자 조지 레이코프는 이것을 '특정한 언어와 연결되어 연상되는 사고의 체계'라고 정의하였는데 이는 우리가 사용하는 모든 언어에 연결되어 존재하는 것으로 우리가 듣고 말하고 생각할 때 우리 머릿속에서 늘 작동한다고 주장하였다. 예를 들어 물이 반쯤 찬 유리컵을 보고 A는 "절반밖에 남지 않았네"라고 하고, B는 "절반씩이나 남았네"라고 말한다면 B는 A보다 긍정적인 성격이라고 말한다. 이때 A와 B의 해석의 차이는 두 사람이 가지고 있는 각각의 프레임이 다르기 때문이다. 이문화간의 의사소통도 이와 마찬가지로 각 문화마다 가지고 있는 프레임이 같이 않으므로 문화간 오해 혹은 소통 불능으로 간주될 수 있어 이문화간의 의사소통은 어려움을 겪는다.

2. 스크립트

연속적 사건의 진행과 관련되어 있는 지식구조로 일련의 사건들을 순서대로 배치하는 구조를 스크립트라고 하는데 이는 특수한 경우에 대한 기대들로 이루어진다. 스크립트도 프레임과 마찬가지로 상호 문화들 사이에서 상당한 차이가 존재할 수 있는데 다음의 예문을 통해 그 차이점을 이야기해 보도록 하자.

존은 레스토랑으로 들어가서 햄버거를 주문했다. 다 먹고 떠나려는데 점원이 소리쳤다. "뭔가 잊어버린 것 같은데요" 존은 지갑을 꺼냈다.

SAT 시험 문제로 이와 같은 예문이 나왔다면 질문은 "왜 존은 지갑을 열었을까요?" 여기서 "뭔가"가 가리키는 것은 무엇이겠는가? 이완 관련된 레스토랑 시나리오가 있다. 아래 두 개의 스크립트를 보자. 구성요소는 비슷하지만 순서의 차이가 눈에 띌 것이다.

스크립트 1

1. 웨이터가 자리를 안내한다.
2. 주문을 정한다.
3. 점원에게 주문한다.
4. 음식을 받는다.
5. 음식을 먹는다.
6. 값을 지불한다.

스크립트 2

1. 주문을 한다.
2. 값을 지불한다.
3. 자리를 잡는다.
4. 벨이 울린다.
5. 음식을 가져온다.
6. 음식을 먹는다.

스크립트 1과 2에서 사용된 요소들을 동일하지만 이들은 다른 순서로 배열되었다. 이런 사건의 연속성은 우리가 어느 나라 혹은 어떤 종류의 레스토랑에 가느냐에 따라 다른 기대치로 작용한다.

이 두 개의 스크립트는 2개의 장소에서 나타나는 스크립트이다.

다른 많은 문화권에서 일어나는 일상적인 활동에 대한 스크립트를 보면 자신의 문화와 같은 것도 발견할 수 있고 다른 것을 발견할 수도 있다. 유사성을 발견하게 되면 그 문화와 동질감, 연대감을 느끼게 될 것이고, 이질성을 발견하면 타문화와의 차이점을 인식할 수 있으므로 스크립트는 문화간 의사소통 연구에 좋은 소재가 될 수 있을 것이다.

스크립트에 나타난 문화간 전형성 연구 (박옥희 2006)

설문 대상: 미국 초등학생 10명과 한국 초등학생 (3학년) 40명
설문 내용: '친구의 생일 파티에서 무엇을 하는지 적어보세요'
설문 결과

문화간 전형성		- 선물을 준다 - 생일 축한 노래를 부른다. - 음식을 먹는다. - 친구와 논다.
문화간 비전형성	한국학생	- 노래방에 간다. - 방방을 타러 간다. - 영화나 TV를 본다.
	미국학생	- 생일 초대카드를 받는다. - 초대받은 친구가 모두 올 때까지 보드게임을 하면서 기다린다. - 소원을 빌면서 촛불을 끈다. - 선물을 열어본다. - 피나타(piñata)를 터트린다. - 돌아올 때 선물(goodie bag)을 받는다.

강의 이해하기

1. 의사소통에 필요한 두 가지는 무엇인가?

2. 맥락 지식을 이용하여 '왼쪽'과 '그 다음에'를 설명해보시오.

3. 지식을 구성하는 네 가지 요소는 무엇인가?

4. '언어적 기호는 상대방을 이해하기 위한 결정적이 매체이다' 를 설명하시오.

제3장 전형성

1. 전형성(stereotype)

> ● **전형성이란?**
> - 규범화 하는 인지적 작용: 세상을 인지하고 이해하기 위한 과정
> - 특정 집단에 속해 있는 사람들에 대한 일반화
> - 집단에 고유한 특성을 부여
>   → 그 구성원 전체의 일반적 특징으로 적용
> - 인종, 계층, 성별, 직업, 나이 모든 분야에 적용 가능
> - 특정 그룹이 가지는 특성이 전체 그룹으로 확장되는 과정
> (스콜론(Scollon) 2001)

전형성은 규범화 하는 인지적 작용으로 세상을 인지하고 이해하기 위한 과정으로 정의된다. 쉽게 말하면 전형성이란 특정 집단에 속해 있는 사람들에 대한 일반화하는 것이다. 특정 집단에 고유한 특성을 부여하고, 그 집단 구성원 전체의 일반적 특성으로 생각하는 것을 말하며, 이는 인종, 계층, 성별, 직업, 나이 모든 분야의 집단에도 적용 가능하다. 이것은 자신의 실제 환경의 복잡성을 축소하여 개인의 목적에 맞는 방식으로 이해하는데 유용하다. 전형성은 지나친 일반화로도 부른다. 스콜론과 스콜론 (2001)에 따르면 전형성은 '특정 그룹이 가지는 특성이 전체 그룹으로 확장되는 과정'으로 정의된다.

우리는 먼저 보고 정의 내리지 않고, 정의를 먼저 내리고 본다.

For the most part we do not first see, and then define,

we define first and then see.

* **전형성의 양면성**
- 근본적인 인지 과정과 범주화 과정 → 세계를 성공적으로 고찰
- 전형성의 과도한 일반화 → 선입견, 편견, 고정관념

립만(W.Lippmann)은 "대부분 우리는 먼저 보고 정의 내리지 않고, 정의를 먼저 내리고 본다"(For the most part we do not first see, and then define, we define first and then see)라는 말을 통해서 사람들이 모두 다 볼 수 없으므로 자신의 경험에 맞는 적합한 현실을 만들어낸 것이라고 이를 설명하고 있다. 전형화는 근본적인 인지과정과 범주화 과정으로 이해될 수 있는데 이러한 과정 없이는 세계를 성공적으로 고찰하고 다루는 일이 불가능하다.

전형성은 개인 전통의 핵심, 사회 지위의 방어체계 일지 모른다. 이것은 세상의 완벽한 그림은 아닐지라도 우리가 적응하고 있는 세상의 가능한 그림일 것이다. 특정한 세상에서 사람들과 사물들은 그들에게 잘 알려진 장소에 있고, 특별히 기대되는 것들을 한다. 우리는 거기에서 편안함을 느낀다. 전형성의 어떤 어긋남이 우주 토대에 대한 공격과 같을 것이라는 것은 당연하다. 전형성의 패턴은 우리 자신의 가치관, 지위, 권리에 대한 투영이다. 따라서 전형성은 그들에게 소속된 감정으로 가득 차 있다. 전형성은 우리 전통의 요새이고 우리가 있는 곳에서 우리 스스로를 안전하다고 계속 느낄 수 있게 하는 수비이다.

The system of stereotypes may be the core of our personal tradition, the defenses of our position in society. They may not be a complete picture of the world, but they are a picture of a possible world to which we are adapted. In that world people and things have their well-known places, and do certain expected things. We feel at home there. No wonder, then, that any disturbance of the stereotypes seems like an attack upon the Foundations of the universe. [The pattern of stereotypes] is the projection upon the world of our own sense of our own value, our own position, and our own rights. The stereotypes are, therefore, highly charged with the feelings that are attached to them. They are the fortress of our tradition, and behind its defense we can continue to feel ourselves safe in positions we occupy.

경험을 지나치게 간소화하다 보면 그 결과로 나타나는 태도들은 일반적으로 선입견, 편견, 또는 고정관념이 될 수 있다. 전형성은 과도한 일반화의 결과로 부정적으로 보일 수 있다는 것이다. 그러나 이것은 정상적인 정신적 모형으로 불가피하므로 야누스의 머리처럼 양면성을 가진다.

1.1 전형성의 생성

전형적인 생각은 모든 인식에 있어서 불가피한 것이다. 이러한 사고의 틀은 필연적으로 생겨나며 경솔함이나 우둔함에 기인하지 않는다.

1) 범주화

우리는 인종에 따라 백인, 흑인, 황인종으로 나누고, 체형에 따라 날씬하고 뚱뚱한 사람으로 나눈다. 또 종교에 따라서도 나누기도하고 나이에 따라서 나누기도 한다. 이렇게 나라나 문화마다 다른 차이점들을 가지고 분류하는 과정을 범주화라고 한다. 이문화간 접촉이 늘어나면서 드러나는 많은 차이점들은 각자가 사용하는 언어의 어휘나 어휘 군을 통해서 범주화되는데 이것이 전형성 생성의 첫 단계이다.

2) 선별과정

대상을 범주화하기 위해서 다양한 분류방식을 사용한다. 우선 대상을 눈에 띄는 특징들로 구별하는 방법이 있다. 구별이 불분명하지 않도록, 뚜렷하게 두드러지는 점들로 대상을 일반화하는 분류 방법이다. 다음으로 우리가 겪은 수많은 경험들을 바탕으로 일반화를 이끌어내는 귀납법, 비슷하거나 일치하는 경험이나 사물을 평가하여 새로운 경험과 사물을 인지적으로 체계화하는 유추가 있다. 또한 우리가 모든 것을 평가하거나 뉘앙스로 인지하는 것은 불가능하므로 소문이나 보충을 통해서도 대상을 범주화한다.

3) 일반화 generalization

Scollon(1995)에 따르면 전형화는 하나의 그룹 안에서 차이점을 인정하지 않고 사고하는 것이며 인간의 행동에 대한 견해를 한 두 개의 두드러진 특성으로 제한하고 이것을 전체의 모습으로 간주한다고 말하고 있다. 선별과정을 통해서 범주화된 특성들이 모든 것을 대표할 수 있는 것들로 선택되고 축소되는 과정을 거쳐 일반화된다.

4) 전형화

일반화의 토착화 과정으로 모순되는 증거들을 제외시키면 전형화
가 된다. 전형성의 역할은 상황과 행동을 설명해 내고자 하는 것으
로 설명력을 가지게 되는데 이를 적용하면 부담을 줄일 수 있고 집
단의 속성을 확인시켜준다. 또한 이를 바탕으로 예측의 기능까지 하
게 된다.

1.2 국가별 전형성(National Stereotypes)

Heaven is where the cooks are French,
the police are British,
the mechanics are German,
the lovers are Italian
and everything is organized by the Swiss

Hell is where the cooks are British,
the police are German,
the mechanics are French,
the lovers are the Swiss,
And everything is organized by the Italians.

프랑스인 요리사, 영국인 정치가, 독일인 기술자, 이탈리아인 연
인이 있고 스위스가 모든 것을 체계화하는 곳이 있다면 이곳이
천국이다. 그러나 영국인 요리사, 독일 정치인, 프랑스 기술자,
스위스 연인, 그리고 이탈리아인이 모든 것을 체계화하는 곳은
지옥일 것이다.

왜 천국에는 프랑스 요리사가, 지옥에는 영국인 요리사가 있다는 것일까? 우리는 특정한 나라에 사는 사람들을 일반화하여 특정한 이미지를 부여할 수 있는데 이때 나라마다 어떠한 전형성이 나타나는지 국가별 전형성을 살펴보자.

영국 (The British)

영국에 사는 사람 즉, 잉글랜드, 스코트랜드. 웨일즈, 북아일랜드에 거주하는 사람들을 영국인이라고 한다. 영국사람들은 흔히 매너, 옷입기, 화술이 뛰어나다고 알려져있다. 그들은 공손함으로 유명하며 특히 영국식 유머라고 따로 불리어질 만큼 유머감각도 뛰어난 것으로 유명하다. 가끔은 외국인들이 이해할 수 없을 만큼 어려운 강한 유머를 사용하기도 한다.

프랑스 (The French)

프랑스 사람들은 다정하고, 로맨틱하며, 섬세하다. 그들은 심지어 복권에 당첨되었을 때도 'pas mal!(not bad)라고 말할 것이다. 프랑스 사람들은 파업도 많이 하고, 담배도 많이 피며, 거의 모든 거리에서 약국을 발견할 수 있을 만큼 건강 염려증 환자도 많다.

이탈리아 (The Italian)

이탈리아 사람들은 사회적으로 어울리기 좋아하며 상냥하다. 그들은 말할 때 손짓과 몸짓을 많이사용한다. 말이 많고 다혈질이다. 이탈리아 사람들은 좋은 연인이지만 좋은 일꾼은 아니다. 스파게티, 마피아, 로멘틱, 패션 등이 이탈리아인을 묘사할 때 사용되는 단어들이다.

스페인(The Spanish)

스페인은 태양, 해변, 투우, 플라멩코의 나라이다. 스페인 사람들은 매우 게으르다고 알려져 있다. 그들은 시에스타(siesta)라고 낮잠을 자는 시간이 있다. 스페인 사람들의 삶의 방식은 다른 유럽 사람들에 비해서 다소 느리다. 이것이 아마 스페인 사람들이 게으르다고 생각되는 이유일지도 모르지만 그들이 일할 때는 매우 열심이다.

1. 야누스의 머리라는 표현이 뜻하는 것은 전형성의 어떤 측면 때문인가?

2. 전형성이 생성되는 네 가지 단계는 무엇인가?

3. Lipmann의 정의에 따르면 우리가 세상을 인식하는 특징은 무엇인가?

What do you think the mistake is?

Sophie Harper is a British businesswoman. She is having lunch with Felipe Marques, a senior manager of a company in Rio de Janeiro. She wants to make a deal. She takes some documents out of her briefcase and give them to Mr. Marques. She then starts explaining the contents in detail. Mr. Marques doesn't' seem very interested.

Mark West works for a Canadian business magazine. He is Saudi Arabia to do some research. and is invited to the home fo Saudi businessman for dinner. The house is beautifully furnished, and before dinner, Mark walks around the living room admiring the furniture, carpets, and ornaments.

Ruth Klein work for an Australian travel company and wants to make an agreement with the Indonesian hotel chain. She has a meeting with a senior manager of the Gulf Hotel. She's going to wear her favorite outfit, a bright red pants suit.

Marty Pinkerman is an American businessman. He works for a pharmaceuticals company that wants to import some German products into the USA. He is in Frankfurt and meets Hans Schmidt, a senior manager of DPR Pharmaceuticals, for the first time. After the introductions, Marty begins using the manager's first name.

● **독일인은 무례한가?**

사람들은 독일인들이 매우 직설적이고 거짓말을 못하는 점이 독일 사람들은 무례하다는 인식을 준다. 독일 사람들은 자신의 생각을 말하는데 거침이 없는데 예로부터 독일 사람들은 설득할 때 칸트나 헤겔처럼 유명한 철학자를 많이 배출한 나라답게 논증의 방식을 사용한다. 한국처럼 간접적인 의사소통이 미덕이라고 여겨지는 문화에서는 이러한 독일인들의 의사표현 방식이 무례하다고 생각되었던 것이다. 그리고 상대적으로 부드러운 발음이 적은 독일어로 직설적인 말을 하면 누구나 당황하지 않을까?

● **중국인들은 지저분한가?**

중국인들이 모두 그렇다고 보기는 어렵다. 중국 뿐 아니라 유럽 지역에서도 이러한 점에 둔감한 경우가 많기 때문이다. 사실 과거 중국인 중 일부는 씻으면 복이 날아간다고 생각하여 씻지 않았던 문제도 있고 또한 일부 지역은 물 공급 및 온수 관련 시설이 미비한 것도 문제이기 때문에 이러한 오해가 생겨났다고 한다. 당장 중국 남부 지역만 해도, 열대 기후나 아열대 기후라서 더위를 이기기 위해 목욕 문화가 꽤 발달했다. 그리고 과거의 기록을 보면, 상류층들의 위생 관념은 상당히 강한 편이었다고 한다.

● **인도인들은 소를 먹지 않는다?**

이는 종교적인 이유를 기반으로 한다. 인도는 힌두교가 80.5%이고 이슬람교는 13.4%를 차지하는 국가이다. 이 중 힌두교의 교리에는 소를 먹지 않는다는 점이 들어 있는데 이는 인구가 증가하고 농경이 확대되면서 쟁기를 끌 소의 중요성이 커지는 상황에서 소는 힌두교의 신 중 시바신이 타고 다니는 운송수단이라고 알려지게 되면서 신이 타고 다니는 신성한 가축을 먹을 수 없다고 하여 소를 먹지 않는 교리가 생겨났다. 그러나 힌두교인들 외의 인도인들은 소고기를 먹기도 한다. 심지어 힌두교인들이 먹는 경우도 있는데, 다만 소들에게도 카스트를 적용하여 낮은 카스트에 해당하는 소들만 잡아먹는다.

제4장 기술의 변화와 의사소통

1. 의사소통의 변화

> ▶ **의사소통의 범위의 변화**
>
> 　교통의 발달로 개인이 움직일 수 있는 범위가 넓어짐
> 　→ 다른 문화권에서 다른 언어를 사용하는 사람과의 의사소통의
> 　　필요성이 생김
>
> ▶ **인터넷의 발달**
>
> 　실시간 정보 공유
> 　다른 문화, 다른 언어, 만난 적 없는 사람과도 의사소통이 가능

　기존의 의사소통은 개인이 움직일 수 있는 범위 내에서 이루어져 이에 따른 한계로 의사소통의 범위는 좁아질 수 밖에 없었다. 그러나 교통의 발달함에 따라 여행을 통해서 사람들은 소규모 개인적 접촉이 가능해 진다. 이는 다른 문화권에서 다른 언어를 사용하는 사람들과의 의사소통의 필요성이 증가하게 되면서 의사소통의 변화를 가져오게 되었다.

　교통의 발달뿐 아니라 인터넷의 발달도 이러한 변화의 원인이 된다. 인터넷을 통해서 동시에 정보를 접할 수 있으며 실시간으로 세계 여러 다른 문화, 다른 언어, 만난 적도 없는 사람과도 의사소통이 가능하게 되었다.

2. 영어의 국제화

영어의 세계화는 무엇인가?

여러 학자들은 영어가 이제 더 이상 영국이나 미국과 같은 앵글로 지역의 언어가 아니라고 말한다. 이것은 실제 영어를 사용하는 원어민 (모국어가 영어인 화자들)의 숫자와 비원어민 (모국어가 영어가 아닌 화자들)가 달라진 것도 한 요소다. 통계 자료에 따르면 이제는 원어민의 수가 비원어민의 3분의 1로 영어는 이제 비원어민에 의해 더 많이 사용되고 있다.

◆ **세계화의 두 단계**

① 영국의 식민지 시대
- 아프리카와 동남아 지역을 중심으로 영어가 공식어로 사용
- 정치적 목적으로 영어 사용이 강요된 시기
- 여러 지역에서 사용되기 시작함

② 기술 문명의 발달
- 기술 문명의 발달로 인한 영어 사용의 확대
- 교통통신 발달 문화간 교류 활발
- 소통 : 국가간 소통 개인이 소통을 주도 (인터넷, 여행)

영어의 세계화 두 단계

영어의 글로벌화는 크게 두 단계로 구분된다. 하나는 영국의 식민 지화와 관련 아프리카와 동남아 지역을 중심으로 영어가 공식어로 사용된 시대이다. 이 시대에는 정치적 목적으로 영어 사용이 강요된 시기이다. 이 시기에 영어가 여러 지역에서 사용되었다.

두 번째 단계는 기술 문명의 발달로 인한 영어 사용의 확대이다. 교통 통신 기술의 발달은 문화간 교류를 더 활발하게 만들었다. 이전의 문화간 소통이 국가를 중심으로 전문화된 소규모 인력들만이 가능한 시기에서 이제는 여행과 인터넷을 통해서 개인이 소통을 주도하게 되었다. 이런 소통에서 영어가 공용어로 사용된다. 이런 사회 문명적 변화로 인해서 영어가 확대되었다.

◆ **영어의 공용어**

  Q. 영어를 공용어로 선택하는 이유?
     특히, 세계 비즈니스를 지배하는 언어가 된 이유?

   - 세계 인구의 1/3이 영어 사용 : 언어별 사용자가 가장 많음
   - 영어를 대체할 만한 언어를 찾기가 어려움
   - 글로벌화와 관련된 이점 : 전 세계 인재를 고용할 수 있다.
                              세계시장 진출이 수월하다.
   - 중립적인 언어

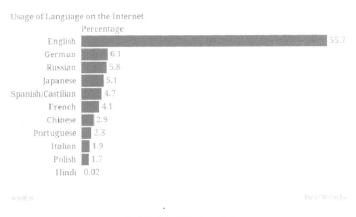

<인터넷에서 사용되는 언어>

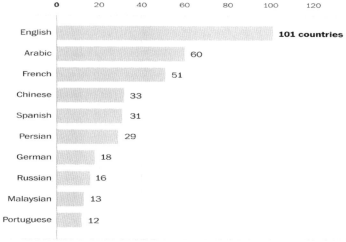

Number of countries in which this language is spoken

English	101 countries
Arabic	60
French	51
Chinese	33
Spanish	31
Persian	29
German	18
Russian	16
Malaysian	13
Portuguese	12

Sources: Ethnologue: Languages of the World, Eighteenth edition   THE WASHINGTON POST

<언어별 사용 국가 수>

영어의 공용어

세계 여러 나라가 영어를 공용어로 선택하는 이유는 무엇일까? 특히 영어가 전 세계 비즈니스를 지배하는 언어가 된 이유를 중심으로 이 현상을 살펴보도록 하자. 영어는 거의 모든 분야에서 공용어로 사용되는데 세계 인구의 3분의 1이 영어를 사용하고 있어 언어별 사용자가 가장 많다. 영어는 전 세계 101개 국가에서 쓰이고 있으며 영어를 공식 언어로 사용하는 국가는 보츠와나, 가나, 아일랜드 등을 포함해 총 35개이다. 모국어 화자 순으로는 중국어가 가장 많지만, 중국어가 가장 어려운 언어로 악명이 높고 컴퓨터 환경에도 적합하지 않아 영어를 대체할 만한 언어를 찾기 어렵다는 것이 영어를 공용어로 사용하는 첫 번째 이유로 볼 수 있다. 다른 이유로는 기업에서는 영어를 사내 공용어로 채택하면 전 세계 우수한 인재를 고용하기 쉬워지고, 세계시장에 진출하기가 훨씬 수월해진다. 또한 국내를 넘어서 해외 M&A에도 적극적으로 뛰어들 수 있기 때문이다. 이렇게 눈에 보이는 글로벌화와 관련된 이점 외에도 중립적인 언어가 주는 추가적인 이유도 있다. 예를 들면 일본의 최대 인터넷 쇼핑업체 라쿠텐이나 의류업체 유니클로는 사내에서 영어를 사용하여 회의를 하는 것으로 많이 알려져 있는데 이는 일본어에 배어있는 서열 관계와 권위주의가 자유로운 의사소통을 방해할 수 있기 때문이다. 독일과 프랑스 회사가 합병할 때 중립적인 언어인 영어를 사용하기도 한 사례도 있다.

중국의 컴퓨터 회사 레노버(Lenovo)의 회장은 40세가 될 때까지 영어를 써본 일이 없었지만 2005년 레노보가 IBM을 사들이면서 영어가 회사의 글로벌화에 필요하다고 판단하여 미국 노스캘로라이나(North Carolina)로 떠나 영어 공부를 하기 시작했고 2014년부터 모든 회의를 영어로 진행하고 있다. 이처럼 영어를 사내 공용어로 사용하는 비영어권 기업은 레노버 뿐만이 아니다. 이러한 현상은 주로 싱가포르나 스위스와 같이 크기는 작지만 국제적인 국가들로부터 시작되어 유럽이나 아시아 대륙까지 영어 사용을 장려하는 추세이다. 독일의 자동차 회사 아우디(Audi)에서는 영어를 못하면 임원이 될 수 없고 루프트한자 항공도 임원들이 대부분 독일계이지만 회의나 공식 문서는 영어를 사용한다.

일본 기업들이 사내 영어 사용 방침을 확대해 나가고 있다.

월스트리트저널(WSJ)은 일본 기업들이 경기가 둔화되고 인구도 점차 감소하자 해외시장 진출을 늘리면서 영어에 대한 필요성을 절실히 깨닫기 시작했다고 보도했다.

IMF에 따르면 2009년 일본인들의 토플성적은 34개 선진국 가운데 가장 낮은 수준을 기록했다. 특히 아시아 국가 중에서는 라오스를 제외하고 영어 성적이 가장 낮았다. 보통 대다수 일본인들은 고등학교를 졸업할 때까지 6년 동안 영어를 배우지만 영어로 대화하는 것을 편하게 생각하는 사람은 거의 없다고 WSJ는 보도했다.

일본의 대형 전자상거래 업체인 라쿠텐은 2012까지 본사 직원 6000명 전원에게 사내 영어사용을 의무화할 방침이다. 지난 몇 달간 이러한 움직임에 사내 회의도 영어로 진행되고 있으며 문서와 식당메뉴, 엘리베이터 표지판까지 모두 영어로 바꿔가고 있다. 2010년까지 영어에 능숙하지 못한 직원은 해고당하기 때문에 직원들도 어쩔 수 없이 영어공부에 매달릴 수 밖에 없는 처지다.

라쿠텐은 영어사용 의무화는 글로벌 기업으로 나아가기 위한 방침이라고 밝히고 있다. 외국인이 대표로 있는 소니, 닛산자동차를 포함해 일본의 최대 의류업체인 유니클로는 2012년부터 회사내 회의를 영어로 진행하고 있다.

조선비즈 안상희 기자

3. 비즈니스 이메일

국제화된 사회에서 우리는 어떤 형태로든 외국이나 외국인과 관계를 형성할 수 밖에 없다. 해외와의 접촉이 늘어남에도 불구하고 아직 외국인들에 대한 이해가 부족한 것이 현실이다. 다른 문화에 대한 고정관념만으로 그들을 이해하는 것은 불가능하기 때문이다. 우리는 서로의 문화 간에 차이가 있다는 것은 이미 알고 있지만 같은 문화권에서 조차도 상당한 차이가 있을 수 있다는 것을 인식하지 못하고 있다.

국제 비즈니스 세계에서 상대방의 문화 차이를 이해하고 자신의 의사소통 방법을 조정할 수 있다면 우리는 성공적 결과를 얻어 낼 수 있을 것이다. 이러한 차이를 인식하게 되면 비즈니스 세계에서 해야 할 일과 하지 말아야 할 일들을 구별할 수 있다. 이를 알지 못해 생기는 실수를 줄일 수 있고 비즈니스 관계에서 더 좋은 인상을 줄 수도 있다.

이메일

비즈니스 상황에서 가장 흔하게 일어나는 의사소통의 방법 중 하나로 이메일을 들 수 있다. 이메일은 정확한 업문 전달과 효과적인 업무 처리를 목적으로 한다. 그러나 한 문화권에서 수사학적으로 효과적인 것이 다른 문화에서는 그렇지 않을 수도 있다. (Mitchell 1998) 문화에 따라 담화 작성에 차이가 있다는 것이다. 영어 비즈니스 이메일에 나타나는 한국과 미국직장인의 화행요청을 비교한 실험을 통해서 이를 알아보도록 하자.

영어 비즈니스 이메일에 나타나는 한국과 미국직장인의 화행요청 비교

1. 실험 대상
 : 해외 경험이 2년 미만으로 이메일 업무 경험이 있는 한국 직장인
   미국에서 근무하는 미국 직장인

2. 요청 내용: 발표를 대신 해달라고 요청하기
귀하는 마케팅 부서에 대리입니다. 귀하는 3일 뒤 경영 실무진 앞에서 "내년 마케팅 계획"을 발표하도록 예정되어 있습니다. 하지만 갑자기 그날 중요한 고객미팅이 있음을 깨달았습니다. 팀장님의 지시로 귀하가 발표하는 것이 옳지만, 타이트한 스케줄 때

문에 어쩔 수 없이 다른 동료에게 부탁해야 합니다. 그때 미국인인 Eric Stevens가 떠올랐습니다. Eric Stevens는 귀하와 비슷한 연령이고, 같은 직급입니다. Eric Stevens와 같은 부서에 있은 지 1년 가까이 되 가지만, 아직 함께일 한 적이 없어 서먹한 사이입니다. Eric Stevens에게 발표를 대신 해달라고 요청하는 이메일을 영어로 작성해 주세요. 이메일 작성하는데 추가적으로 필요한 정보는 마음껏 지어 사용하셔도 됩니다.

첫 번째 실험의 결과로 글의 전개(move)를 살펴보자. 한국 직장인의 27%는 요청-상황설명-요청의 순서로 이메일 내용이 전개되는데 비해 미국의 직장인들의 30%는 보조어구- 요청 - 보조어구 순서로 전개된다. 이때 보조어구는 요청화행을 돕는 보조어구 말한다. 예를 들면, 인사와 요청 사이 small talk 존재(교류가 없어 아쉽다, 친해지고 싶다 등)을 반복적으로 사용한다. 다음에 이어지는 표현도 보조어구로 볼 수 있다.

다음으로 요청 시 사용한 전략을 비교해 보자. 미국 직장인은 한국 직장인에 비해 직접적인 요청 전략을 더 많이 사용하는 것으로 드러났다. 그러나 사용하는 단어는 직접성이 낮은 단어를 사용하여 상대방에게 부담을 주지 않고 매너를 지키면서 자신의 요청 메시지는 정확하게 전달한다고 볼 수 있다. 예를 들면 한국 직장인은 'want'라는 직접성이 높은 단어의 사용이 높은 반면 미국 직장인은 'hope'라는 직접성이 낮은 단어를 선택한다. 마찬가지로 직접성이 낮은 'ask'를 미국 직장이 많이 사용하는 반면 한국 직장인은 직접성이 높은 'request'를 사용하는 주로 사용하는 것 등을 그 예로 들 수 있겠다. 명령문은 어떤가? 한국은 'please'를 동반한 명령문을 주로 사용하는 반면 미국 직장인의 요청 이메일에는 명령문이 사용되지 않는다. 또한 미국 직장인들은 'Could/Can you~? 처럼 직접 요청하는 표현보다는 'if'를 사용하여 'I was wondering if you would be~'로 요청하는 것을 더 선호한다. 이처럼 이메일에서도 나라마다 차이가 드러나기 때문에 특히 이해관계를 따지는 비즈니스 관계에 있어서 그 차이를 인지하는 것은 매우 중요하다.

멕시코 주요 기간시설 계약하기

후보1 북미회사
- 발표: 활기차고 하이테크를 구사하는 발표에 노력
  "우리는 기술적으로 가장 앞선 장비를 가장 싼 가격에 제공할 수 있다"
- 팀구성: 수석 기술 전문가, 변호사, 통역사
- 장소: 멕시코시티 최고급 호텔 회의실
- 시간: 20분 뒤 초대되어진 사람들이 거의 도착하였을 때
- 준비사항: 상세히 기록되어 2주 전에 관리들에게 송부

후보 2 스웨덴 회사
- 발표: 짧고 공식적인 표현을 사용, 장비 사용을 적게 함.
- 팀구성 : 이 회사의 멕시코 지점장, 본부 회장
- 발표 시간: 정해진 시간의 2시간 뒤 발표시간은 30분

팀원 구성

북미팀을 구성하고 있는 팀원의 선택은 절절한가? 회사의 전문적 기술에 대한 좋은 인상을 주고 전문부분의 질문도 대답가능한 기술 전문가와 협상이 이루어낼 변호사도 있다. 또한 정확한 의사소통을 위한 통역사들도 팀 구성원에 포함되어있는데 도대체 무엇이 문제인가?

회의장소

어느 측면에서 살펴보아도 북미팀이 첫 회의를 꼼꼼한 주의를 기울였다는 인상을 준다. 또한 장소도 최고급 호텔을 선택하여 멕시코인들에게 최고의 호의를 베풀 수 있었다. 물론 회의 전에 상세사항을 멕시코 관리들에게 미리 송부하였음은 물론이다. 무엇이 문제인가?

속도

미국에서는 사람들이 얼마나 시간을 잘 관리하는가로 평가된다. 그래서 시간관리가 허술한 사람들은 신뢰를 받을 수 없다. 그래서 북미팀은 정해진 시간안에 발표를 마무리하고 계약하기를 원한다.

속도		인내심
분석을 너무 많이 하면 마비되어 버린다.		여유를 가지고 느긋하게 하면 올바른 결정을 더 잘 할 수 있다.
50	0	50

워싱턴포스트가 차트로 정리한 언어로 보는 세계

1. 대륙별로 보면 아시아에 가장 많은 언어가 있고, 유럽이 꼴찌다. 현재 세계에 7,102개의 언어가 통용되고 있는데 언어 다양성이 가장 큰 지역은 아시아와 아프리카로 2천 개 이상의 언어가, 유럽에는 286개의 언어가 사용되고 있다.

2. 원어민이 가장 많은 언어는 중국어이다. 힌디-우르두어, 영어, 아랍어가 그 뒤를 잇고 있다. 중국어 원어민은 14억명 정도이며 2,3위인 힌디-우르두어와 영어를 모국어로 구사하는 인구를 합친 것보다 많다.

3. 미국의 언어 다양성은 생각보다 크지 않다. 각 국가의 언어 다양성 지수는 무작위로 선정한 두 사람의 모국어가 다를 가능성을 나타내는데 카메룬의 경우 97로 매우 높은 편이다.

4. 가장 많은 나라에서 사용하고 있는 언어는 역시 영어이다.
   영어는 전 세계 101개 국가에서 쓰이고 있다. 2위부터 5위까지는 아랍어, 프랑스어, 중국어, 스페인어가 차지했다.

5. 나라의 공식 언어로 가장 널리 쓰이는 언어는 영어이다. 영어를 공식어로 사용하고 있는 나라는 총 35개이다. 그러나 영어가 공식 언어 라고 해서 다수가 반드시 영어를 모국어로 삼고 있는 것은 아니다.

6. 7천여 개 언어 중 대부분이 극소수 사이에서만 통용된다. 전 세계 언어의 96%는 전체 인구의 3%사이에서 사용된다. 구사자가 천명도 되지 않는 언어가 2천개에 달한다. 이 세기가 끝날 때 쯤 전 세계 언어의 절반 이상이 사라질 것으로 예측된다.

7. 가장 많은 사람이 배우고 있는 언어는 영어이다. 외국어를 공부하는 사람들에게 가장 인기 있는 언어는 영어이다. 15억명이 영어를 배우고 있다. 2위부터 7위까지인 프랑스어, 중국어, 스페인어, 독일어, 일본어를 다 합쳐도 상대가 되지 않는다. 시대에 따라 인기 있는 외 국어도 달라진다. 미국에서는 중국어의 인기가 높아지는 동안, 러시아어의 인기는 하락했다.

Washington post 2015. April.28 (번역: eyesopen)

10 Reasons Why English Is The World's Language

1. English is Business & Finance Language

2. Worldwide Domination of Hollywood Blockbusters

3. If you want to make it to the big stage
   - You've gotta sing in English!

4. Books & literature in the original language which is English.

5. Simplicity of the English language

6. Versatility and sophistication

7. English is the language of travel!

8. English is also the unofficial language of the internet!

9. US and other English-speaking power states

10. Speaking fluent English denotes a certain social status

by Robby

https://englishharmony.com/english-is-the-world-language/

한지원

대표저자
부경대학교 인문대학 영어 영문학과 교수.

박혜림

공동저자
부경대학교 인문대학 영어 영문학과 박사 수료.

문화소통과
언 어

초판인쇄 2019년 02월 25일
초판발행 2019년 02월 25일

지은이 한지원・박혜림
펴낸이 채종준
펴낸곳 한국학술정보㈜
주소 경기도 파주시 회동길 230(문발동)
전화 031) 908-3181(대표)
팩스 031) 908-3189
홈페이지 http://ebook.kstudy.com
전자우편 출판사업부 publish@kstudy.com
등록 제일산-115호(2000. 6. 19)

ISBN 978-89-268-8734-9 93790